嫌いにならない
法学入門
〔第2版〕

村中洋介・川島翔・奥忠憲・前田太朗・竹村壮太郎
色川豪一・山科麻衣・宮下摩維子・岡﨑頌平
若生直志・金﨑剛志・釼持麻衣・永島史弥

信 山 社

第2版 はしがき

　第2版への改訂にあたっては，法改正の内容などを含めて内容の充実を図っています。

　また，大学での学びにおいて必要な，「レポートの書き方」についても簡単に解説しています。近時，オンライン授業などによって，レポートの提出が求められる機会も多くなっていますが，レポートの書き方を学ぶ機会のない学生も多く存在していることと思います。本書で，法学を学びつつ，レポートの書き方についても基本的な部分を理解していただければ良いと思い追加しました。

　本書を使われる先生方においても，レポート課題の提示の際や指導の参考にしていただければ幸いです。

　さらに，高校では2022年度より，「公共」科目の必修化がなされています。高校生においても，法学に関する学びや大学での学びの前の基礎としてのレポートの書き方等の学びに本書を活かしていただければ幸いです。

　2023年2月

村 中 洋 介

はしがき

　法学初学者の皆さん（法学部の１年生や他学部の学生など）は，「法学」と聞くととても難しい印象を持つのではないでしょうか。しかし，私たちの社会の中で「法」は，社会生活上のルールであり，学校生活，就職，日々の行動においても関わってきます。私たちが当たり前のように行っている買い物も民法上の売買契約であり，私たちが安全に食事をすることができる背景には食品衛生法や食品安全基本法などによる規制があり，私たちが横断歩道を渡っているときに毎度のように自動車との事故に遭わないのは道路交通法などによる規制が存在するためです。

　そのように私たちは，「法」とともに生きているわけですが，その基本的なことを学ぶ上で，まずは，憲法，民法，刑法などを中心に学んでいただきたいと思います。税法や社会保障法，労働法などのように社会と関わる法分野は存在しますが，学ぶ範囲を広げることによって皆さんの法学に対する理解が追い付かないこともあると思います。このため，本書では，法学の学びのきっかけを提供するとともに，コロナ感染症拡大に伴うオンライン授業をはじめとして皆さんが自ら予習・復習をすることや，大学等のテキストとしてではなく法学の入門書として高校生などにも手に取って学んでもらえることも想定して構成等の検討をしました。

　本書だけでは不十分な学びについては，本書の中でも参考書や裁判例等を示して導いていますので，本書をきっかけに法学の世界に興味をもっていただければ幸いです。

　法学という難しいことに対して，初学者が「嫌いにならない」入門書という思いを込めて

　2021 年 7 月

村 中 洋 介

本書の使い方

　本書は，全 12 章で法学の基礎から，憲法，民法，刑法といった基本的な法学科目，行政法や訴訟法などについて，法学部以外の学生や高校生などが学ぶことができるように作っています。

　各章を 3 つほどの単元（節）に分けて構成するとともに，重要判例紹介，コラムも付しています。重要判例紹介では，簡潔にどのような判例かを示していますが，詳しくは，次のページに示している判例集などを参照して学んでください。本書を用いて授業を行う先生方は，必要に応じて判例集の当該事件の部分を用いて解説するなどする際の参考としてください。コラムは，少し発展的な内容を含んでいます。このテキストを使っての授業のなかで触れる機会がないかもしれませんが，復習の際や，より発展的に学びたいという際に今後の学びのきっかけとして活用してください。また，最後にレポートの書き方をまとめています。学生の皆さんは参考にしていただければ幸いです。

　法律学の書物では，判例の表記等について，略して表記することがあります。次のように表記されますので，この機会に覚えておいてください。なお，各章の重要判例紹介でも，略して表記しています。例えば次のように表記されます。

最一小判平成 25 年 3 月 21 日民集 67 巻 3 号 438 頁

　「最」とは，最高裁（最高裁判所）のことで，「一小」とは，最高裁の第一小法廷を指します。「判」は，判決のことで，決（決定）と表記されているものもあります。「民集」とは，最高裁判所民事判例集のことで，判決日の表記の後ろに，判例集の記載巻号頁が記載されていることがあります。本書の判例紹介では載せていませんが，代わりに判例百選などの判例を簡単に紹介した書籍の判例番号等を記載していますので，興味を持った裁判例があれば，判例百選等を参照してください。

　最高裁には，大法廷と 3 つの小法廷があり，最大判，最三小決などと表記しています。また，高等裁判所や地方裁判所，地方裁判所支部の判決などは，東京高決（東京高裁決定），大阪地判（大阪地裁判決），神戸地姫路支判（神戸地裁姫路支部判決）などと表記しています。裁判例について学ぶ上で，上記のよう

に表記されることがあることを憶えておいてください。

　本書の本文中や重要判例紹介に載せている判例百選等は，以下のように略して表記していますので，興味がある判例については，以下の判例集を参照してください。

憲法 I	『憲法判例百選 I［第 7 版］』（有斐閣，2019 年）
憲法 II	『憲法判例百選 II［第 7 版］』（有斐閣，2019 年）
地方	『地方自治判例百選［第 4 版］』（有斐閣，2013 年）
民法 I	『民法判例百選 I 総則・物権［第 8 版］』（有斐閣，2018 年）
民法 II	『民法判例百選 II 債権［第 8 版］』（有斐閣，2018 年）
民法 III	『民法判例百選 III 親族・相続［第 2 版］』（有斐閣，2018 年）
刑法 I	『刑法判例百選 I 総論［第 8 版］』（有斐閣，2020 年）
刑法 II	『刑法判例百選 II 各論［第 8 版］』（有斐閣，2020 年）
判例 250	『最新重要判例 250 刑法［第 12 版］』（前田・星，弘文堂，2020 年）
刑訴法	『刑事訴訟法判例百選［第 10 版］』（有斐閣，2017 年）
行政 I	『行政判例百選 I［第 8 版］』（有斐閣，2022 年）
行政 II	『行政判例百選 II［第 8 版］』（有斐閣，2022 年）

※判例データベースとして LEX/DB 文献番号を示しているものがあります。

　株式会社 TKC が提供する『LEX/DB インターネット』（https://www.tkc.jp/law/lawlibrary/contents/hanrei/#db01）では，収録判例毎に 8 桁の文献番号が付番されており，文献番号の指定で容易に判例を検索できます。

　このデータベースは，明治 8 年大審院判例から今日までに公表された全法律分野・全裁判所の判例全文に加えて，特許庁審決，国税不服審判所裁決等を網羅的に収録し，日次でデータ更新されています。その他，各判例から公的判例集 24 誌の原本 PDF の閲覧や，審級関係（上級審・下級審）の判例，引用判例，被引用判例等の関連判例をワンクリックで表示することも可能です。

　判例データベースとしては，LEX/DB インターネットのほかにも，第一法規株式会社が提供する『D1-Law.com』や株式会社 LIC が提供する『判例秘書』，ウエストロー・ジャパン株式会社が提供する『Westlaw Japan』など，様々なものがあります。各大学などで利用できるデータベースに違いがありますので，自分に合ったデータベースを用いて学習をすすめてください。

　また，裁判所ウェブサイトからも裁判例検索をすることができます（https://www.courts.go.jp/app/hanrei_jp/search1）。ぜひ学習に活用してください。

目　　次

目　次

第8章　刑　　法 ──────────────── 113

第9章　民事裁判制度：民事の紛争解決 ──────── 131

嫌いにならない
法学入門
〔第 2 版〕

第1章
法学の基礎

　皆さんはこれから様々な「法」を学んでいくわけですが，「法」とはそもそもどういうものなのでしょうか。この疑問に答えることは簡単ではありませんが，ここでは，法がどのような性質を持っているか，どのような形で存在しているか，どのような種類に分類されるかという観点から，法について考察してみましょう。

Ⅰ　法の性質

1　社会規範としての法

　古来より「**社会あるところに法あり**（Ubi societas, ibi ius）」といわれるように，人間が集まって形成された社会では，内容の差はあれ秩序を維持するためのルールが必然的に生じます。このような社会生活上のルールを**社会規範**といい，原始的な社会では，道徳，宗教，習俗などが社会規範の中心にあります。このような社会規範が時間をかけて人々に承認され，さらに国家や団体によって強行されるようになると，そこに法が生じると考えられます。

　では，法とは一体どんなもので，他の社会規範との違いは何なのでしょうか。以下では，特に道徳と比較しながら，この問題について考えてみましょう。

2　法と道徳

　法と道徳は共に社会規範であり，互いに密接な関係にあります。そのため両者の区別が難しい場合も数多くあります。例えば，殺人や窃盗は一般的に法的にも道徳的にも認められない行為であることは明らかでしょう。逆に，法のなかには道徳とほとんど無関係な規範もあります。例えば，自動車の左側通行を定めた法律（道路交通法 17 条 4 項）がありますが，これは道徳的価値を実現するというよりはむしろ社会秩序を維持することを目的としています。では，法

3

と道徳は何を基準に区別できるのでしょうか。

　古代の社会においては，法と道徳は厳密に区別されずに融合していました。西洋法の源流である古代ローマ法では，法は「善および衡平の術」や「正直に生活し，他人を害さず，各人に各人のものを与えること」と定義され，その内容に道徳的色彩を強く残しています。しかし一方で，法と道徳を区別する試みの痕跡も見られます。3世紀の法学者パウルスは，「法律上許されていることが必ずしも道徳上正しいとは限らない」と述べ，法と道徳が必ずしも一致しないことを明確に意識していました。しかし，その区別の基準については，体系的な議論は行われなかったためにはっきりしていません。

　法と道徳が厳密かつ理論的に区別されるようになったのは，近世に入ってからでした。啓蒙期のドイツの法学者**クリスティアン・トマジウス**（1655-1728年）は，法と道徳を区別し，前者を「外面の法廷」，後者を「内面の法廷」の管轄とし，法と区別される道徳は個人の良心の問題であるから外的な強制を受けないとしました。この区別は「法の外面性」と「道徳の内面性」という言葉で言い表されます。

　トマジウスの議論を発展させ，さらに厳密な区別を行ったのが**イマヌエル・カント**（1724-1804年）でした。カントは行為の動機に着目し，「合法性」と「道徳性」と区別を導入します。カントによれば，法はある行為が動機とは無関係に単に外面的に法と一致していること（合法性）のみを要求するのに対し，道徳はある行為が純粋な動機・義務に基づいていること（道徳性）を要求します。例えば，ある商店の店主が不慣れな客に対して他の客よりも高額で商品を売る場合，その行為は合法性は満たしているが道徳性は満たしていないということになります。また，カントはトマジウスと同様に，強制可能性を法の特性の1つとしました。

❸　「法は道徳の最小限」

　しかし，「法の外面性と道徳の内面性」，「強制を伴う法と伴わない道徳」という図式的な理解をすると，主に2つの点で問題があります。

　第1に，法のなかにも強制を伴わない，または不完全な強制しか伴わないものがあります。例えば，国と国の関係を規律する国際法は，法の適用と執行のための統一的な機構を欠いているという点で完全な強制力を持っていません。また国内法にも，「直系血族及び同居の親族は，互いに扶け合わなければなら

ない」（民法730条）という条文のような，全く強制力を欠く法も存在します。

　第2に，道徳のなかには，それに従わない場合に社会的な非難や制裁を受けるような規範もあり，道徳は内面的なもので強制を伴わないわけでは必ずしもありません。この種の道徳は，個人の内面的な良心を規律する個人道徳と対比して**社会道徳**と呼ばれます。感染症流行に伴う自粛要請下における行動の規律が，まさにその典型例といえるでしょう。

　以上から分かるように，法と道徳はある部分では重なり，ある部分では一致しないものであるといえます。そして，法が有効なものとして基礎づけられるためには，社会道徳と合致することが望ましいとされますが，しかし一方で道徳がそのまま法となると，かえって人々の自由な活動を萎縮させて弊害を生み出してしまう危険があります。ドイツの公法学者のゲオルグ・イェリネク（1851-1911年）は，法が要求するのは社会存立のための最小限の道徳であるとして，これを「**法は道徳の最小限**」と言い表わしました。

コラム 1 「非法の役割」

　道徳を含めたその他の社会規範と法との関係について，フランスの民法学・法社会学者**ジャン・カルボニエ**（1908-2003 年）は注目すべき議論を行っています。カルボニエは，道徳には義務や制裁といった外的強制がないと考えるのは誤りであるとしたうえで，法と道徳の違いは強制の性質であるといいます。すなわち，道徳における強制（contrainte）は内発的・拡散的（instinctive et diffuse），法におけるそれは任意的・組織的（volontaire et organisée）な性質を持っているとされます。カルボニエによれば，大多数の人々は普段はあたかも法が存在しないかのように生活しているのであり，法は当事者が意思を明示して任意に求めるときに初めて意識されます。また，例えば刑罰や行政処分のような組織化された強制（制裁）手段を持っているという点に法の特色があるというのです。

　カルボニエは，法以外の社会規範（道徳，宗教，慣習など）を総称して「非法（ひほう）（non-droit）」と呼び，この多元的な社会規範が法を支えると同時に，法が自らを制限し法の空白地帯を作り出し，その管轄を非法に譲り渡す現象さえ見られるといいます。このような議論は，諸々の社会規範相互の関係や，それらが社会の秩序維持に及ぼす影響の仕組みに着目したものとして，法について考察するうえでも有用でしょう。

　また，法的拘束力の有無に着目した法の区分として，**ハードロー**と**ソフトロー**という区別があります。ハードローとは法的拘束力のある社会規範のことで，通常の法律が典型です。それに対し，ソフトローは法的拘束力のない社会規範で，国家による強制的な執行がない点に特徴があります。具体的には持続可能な開発目標（SDGs），企業の社会的責任（CSR），各種の努力義務規定やガイドラインなどがこれに当たります。ソフトローが私的自治や社会の秩序形成に果たす役割には近年注目が集まっていますが，これも「非法」の議論に重なるものとして理解できるでしょう。

Ⅱ　法の存在形式（法源）

1　法源とは

　裁判官はある事件について裁判をするとき，その事件に適用すべき法を探して判決を下さなければなりません。この際，法は何らかの形式を持っていなければ認識することができません。この法の存在形式のことを法学では**法源**と呼びます。

　法源の最も大きな区分として，**制定法**（成文法）と**不文法**という区別あります。制定法とは文字で書かれている法で，国家機関などにより定められたものを指します。それに対し，制定法のように文字で書かれてはいませんが，法としての効力を認められたものを不文法といいます。その代表的な例が，個別具体的な裁判のなかで示された規範の蓄積である判例法です。

　この両者のうちどちらの法を中心的な法源とするかは，国ごとに異なります。ドイツ，フランスなどのヨーロッパの大陸法系の国々では，制定法が主要な法源とされています（**制定法主義**）。それに対し，イギリス，アメリカなどの英米法系の国々では，不文法の1つである判例法に法源としての中心的な地位が与えられています（**判例法主義**）。日本は明治期に大陸法を継受したため前者の立場を採りますが，だからといって不文法が法源として全く認められていないわけではありません。逆に，判例法主義を採る国でも，制定法は重要な法源として認められています。

2　制定法（成文法）

　制定法には，憲法，法律，命令（政令・省令），自治法規，条約などがあります。以下それぞれの制定法について見ていきましょう。

　憲法は，国家の組織・活動の基本的なあり方を定める法です。日本国憲法は，「国の最高法規であつて，その条規に反する法律，命令，詔勅及び国務に関するその他の行為の全部又は一部は，その効力を有しない」（憲法98条）とあるように，最高法規性が規定されています。

　法律は，国会の両議院で可決された法のことを指します（憲法59条）。この法律という言葉は，例えば，法学を法律学と呼ぶように，広い意味で法と同義に用いられることがありますが，文脈によってどちらの意味で使われているか

に注意が必要です。

　命令は，内閣が制定する政令（憲法73条6号）や各省大臣が発する省令（国家行政組織法12条1項）といった，議会ではなく行政機関が定めた法の総称です。

　自治法規には，都道府県市町村の地方公共団体が定める条例と，その長が定める規則が含まれます。ここでは国の制定法の効力が問題となりますが，地方公共団体の条例は国の法令に反してはならないことが定められています（憲法94条，地方自治法14条）。

　条約とは，国家と国家との間で文書により締結される合意です。日米安全保障条約のように二国間で締結されるものもあれば，女性差別撤廃条約のように多国間で締結されるものもあります。

　これらの様々な制定法がありますが，それぞれが矛盾する場合には混乱が生ずるため，優劣関係が定まっています。国においては憲法，法律，政令，省令の順に優劣の関係が定められていて，上位の法に抵触する下位の法は無効となります。適用しうる制定法が同じ地位に複数存在する場合，ある対象（人・事項・場所など）について特別に効力を及ぼす法（**特別法**）が，一般的に効力を及ぼす法（**一般法**）に優先して適用されます（「**特別法は一般法に優先する**」）。例えば，少年に対する刑罰とそれを科すための手続を定めた少年法は，全国民に一般に適用される刑法・刑事訴訟法の特別法にあたり，私人間の商取引について定めた商法は，私人の日常生活を一般に規律する民法の特別法にあたります。また，古い法が規定していたのと同じ事柄について新しい法が施行されたときは，後に施行された新法が優先して適用されます（「**後法は前法に優先する**」）。条約や国際法と国内法との優劣関係については議論がありますが，一般的には憲法は条約に優先し法律は条約に劣後すると考えられています。

❸　不 文 法

　不文法には慣習法，判例法，条理などが含まれます。制定法の存在が当たり前になっている現代人からすると奇妙に感じるかもしれませんが，歴史的にはむしろ不文法が多くの地域で中心的な法源とされてきました。日本においては，一般に慣習法，判例法，条理が不文法に含まれるとされています。

　慣習法とは，人々の間である行為が繰り返され，法的効力を有するに至った規範のことを指します。現代においては，慣習法は国家によって承認されて

初めて法的効力が生じます。一般原則として，「公の秩序又は善良の風俗に反しない慣習は，法令の規定により認められたもの又は法令に規定されていない事項に関するものに限り，法律と同一の効力を有する」ことが定められています（法の適用に関する通則法3条）。したがって，例えば村八分や一夫多妻の習慣などは，公序良俗に反するため慣習法としては認められません。また，「法令の規定より認められたもの」としては，例えば入会権が慣習に従う旨法令に定められおり（民法263条，294条），「法令に規定されていない事項に関するもの」としては，例えば温泉権（鷹の湯事件──大判昭和15年9月18日（民法Ⅰ・49））があります。

　個々の事件についての（特に最上級審の）裁判所によってなされた先例のことを判例といいますが，その判例が拘束力を認められて法規範となったものは**判例法**と呼ばれます。日本では，「すべて裁判官は，その良心に従ひ独立してその職権を行ひ，この憲法及び法律にのみ拘束される」（憲法76条3項）と規定されているように，裁判官は裁判所で認められた判例であろうと，全くそれに拘束されるものでないというのが原則ですが，特に最高裁判所の判例は拘束力の強いものだと考えられています。判決のどの部分が判例としての拘束力を持つかについては，判決の核心部分である「判決理由（レイシオ・デシデンダイ）」とそれ以外の「傍論」に区別され，拘束力を持つのは前者の部分だけだと一般的に考えられています。

　条理とは，社会一般に認められる物事の道理のことを指します。裁判官は，適用すべき法律がない場合，刑事裁判では**罪刑法定主義**にしたがって無罪を言い渡さなければならない一方，民事裁判では条理を補充的な法源として裁判をすべきと考えられています。条理を法源と認めるかどうかには争いがありますが，実際の裁判例ではしばしば判断の根拠として条理が用いられています。その際，条理は様々な意味で使われますが，多くの場合は「社会通念」，「信義則」，「権利濫用」，「公序良俗」などの規範概念や一般条項に含められた形で考慮されます。

コラム2 「裁判による法創造」

　裁判官は第一に，裁判において制定法を具体的事件に適用することを任務とします。法を適用する際には，法解釈を行って法規の意味を確定する必要があります。ここで行われた解釈や判断は，判例法として後の裁判を拘束することから，**裁判による法創造**がなされているとみなすことができます。

　かつては，裁判官の恣意（しい）を抑制するという目的から，裁判による法創造は否定的に評価されていました。17世紀のイギリスでは「裁判官はものをいう法律である」という法格言が生み出され，法律を超えた裁判官の判断は相応しくないものと考えられました。また，フランスの法律家**モンテスキュー**（1689-1755年）は「千里眼（せんりがん）であると同時に盲目（もうもく）でもある法律が，ある場合には，厳格にすぎるということも起こりうる。だが，国民の裁判役は，前に述べたように，法律の言葉を発する口にすぎず，その力も厳しさも緩和することのできない無生物である」（野田良之他訳『法の精神（上）』岩波書店，1989年）と述べています。

　裁判官の活動範囲を法の形式的適用に限定するという考え方は，特に19世紀のフランスやドイツでより極端な形で発展します。そこでは，法典のなかに含まれる法律が完全なものとみなされ，裁判官はいわば「判決マシーン」のように，大前提としての法規と小前提としての事実を下に，三段論法により機械的に判決を導き出すことができると考えられました。それに対し，条文の文言や形式論理に囚われることなく，実社会のなかに生きている法を自由に発見することを裁判官に認めるべきだという「**自由法論**」が，ヘルマン・カントロヴィッツ（1877-1940年），オイゲン・エールリッヒ（1862-1922年）らによって展開されました。

　現在の日本では，三権分立における司法権の立場から（憲法76条），判例の法源性を直接認めることについては争いがありますが，裁判官は現実に判例に従って裁判を行うため，判例の法源性・法創造機能が事実上認められているといえます。

　別の観点では，裁判を通じてそれまで十分に認識されていなかった社会問題が明らかになり，国の政策や立法に影響を与えることもあります。このような機能を持つ訴訟は**政策形成訴訟**または現代型訴訟と呼ばれます。代表的な例として古くは四大公害訴訟があり，裁判が国の公害対策法制に大きな影響を与えました。こうした訴訟の機能も，直接的ではないにせよ広い意味で裁判による法創造に関わるものであり，社会的に重要な意義を有しています。

━━━ Ⅲ　法 の 分 類 ━━━

1　現代の法学

　法学は，法を対象とする学問の総称ですが，政治学，経済学，社会学などと共に，社会科学の一分野を形成しています。現在，日本の大学の法学部で学ばれる科目は，大きく基礎法学と実定法学に分けられます。

　基礎法学は，特定の法分野に限定されることなく，広い視野から法について考察を行う学問で，実定法学の土台となるような基礎理論を取り扱います。法哲学（法理学），法思想史，法制史，法社会学，比較法，外国法などが基礎法学に属します。

　一方，**実定法学**は，特定の時代・社会のなかで実際に実効的に行われている法（**実定法**）を対象とする学問のことをいいます。（なお，実定法の反対概念として，実定法の存否を問わず人間本性に基づき守るべき規範を意味する**自然法**があります。）実定法学の中心は，制定法の条文をもとに実定法の意味内容を明らかにする法解釈にあります。その対象は多岐にわたりますが，着目する部分に応じて以下のような様々な区分があります。

2　公法と私法

　規律の対象に着目して法を整理したものとして，公法と私法があります。

　公法とは，国家とその構成員である私人との関係を規律する法です。代表的なものとして，憲法，行政法（行政を行う組織のあり方や作用を定める），刑法（国家が国民に科す刑罰を定める），民事訴訟法・刑事訴訟法（国家が行う裁判のやり方を定める）などが挙げられます。

　これに対して，**私法**とは，私人相互の関係を規律する法を指します。これに属すものとして，民法（私人間の権利義務・法律関係を定める），商法（私人間の商取引について定める）が代表的です。

　公法と私法の区別は古代ローマの時代に遡りますが，近代に主権国家が成立して以降，特に重要視されるようになりました。近代国家の成立，特にフランス革命以降，国家が国民に対して直接支配を及ぼすようになると同時に，国家による干渉が及ばない私人の自由な活動範囲が認められるべきだと考えられるようになったからです。

③　実体法と手続法

裁判を前提とした分類として，実体法と手続法があります。

実体法は権利義務や法律関係の発生・変更・消滅について定める法を指し，裁判における判決の基準，つまり裁判の実体についての基準を扱っています。民法，刑法などがこれに属します。

これに対し**手続法**は，実体法に定められた権利義務についてどのような手続で裁判すべきかを定める法です。訴訟の形式を定めるものであることから形式法とも呼ばれます。これに属するものとしては，民事訴訟法，刑事訴訟法が代表的です。

例えば，不法行為に基づく損害賠償責任を定めた「故意又は過失によって他人の権利又は法律上保護される利益を侵害した者は，これによって生じた損害を賠償する責任を負う」という規定（民法 709 条）は実体法で，この責任を負わせるために誰がどのように裁判を提起して何を証明すべきかなどの手続を定めた民事訴訟法が手続法です。

古代ローマでは，実体法上の諸権利はそれぞれ固有の手続と結びついて**訴権**（actio）という観念で捉えられていました。しかし，近代のドイツ法学において実体法と手続法は切り離され，それぞれ明確に別のものとして考えられるようになりました。とはいえ，実体法と手続法は相互に影響し合っていることは現在においても変わりはありません。例えば，民事訴訟法はその実体法である民法の性格を大きく反映して，**処分権主義**や**弁論主義**のような私的自治を重視した内容になっています。

④　民事法と刑事法

同様に裁判を前提としたうえで，民事法と刑事法の区別があります。民事裁判の基準となる実体法（民法，商法など）と手続法（民事訴訟法）を併せて**民事法**，刑事裁判の基準となる実体法（刑法）と手続法（刑事訴訟法）を併せて**刑事法**と呼びます。

車を運転して人を怪我させた場合，場合によっては，相手に対して怪我の治療などにかかる費用の損害賠償を行う民事上の責任と，過失運転致死傷罪として「7 年以下の懲役若しくは禁固又は 100 万円以下の罰金刑」という刑事上の責任を負うことになります。

民事裁判では「私人対私人」という構図になるのに対し，刑事裁判では「私

人対検察官（国）」という構図がとられることから分かるように，刑事法では国家権力の影響が最も強く現れるがゆえに，国家が私人の利益や自由を侵害することのないよう，民事法とは大きく異なる原則が採用されています。罪刑法定主義や「**疑わしいときは被告人の利益に**」の原則がその例です。また，民事事件では私的自治が重視されるゆえに当事者間で示談や和解が成立すれば裁判は終結する（民訴法 267 条参照）のに対し，刑事事件ではそうはなりません（刑訴法 339 条 1 項 3 号参照）。

コラム 3 「公法・私法概念の流動性」

　以上では現代の法学における一般的な分類を紹介しましたが，これらの概念は確定的なものではなく，時代や社会の変化に応じて内容もまた変化することに注意が必要です。公法と私法の区別を例にとって説明しましょう。

　公法と私法の区別の源流は古代ローマにあります。法学者**ウルピアヌス**の有名な定式によれば，公法（ius publicum）とは「ローマの国の体制」に関するもので，私法（ius privatum）とは「個人の利益」に関するものでした。ここでの公法は，祭祀，神官，政務官に関係する規律が想定されていました。ローマでは法の中心は私法であり，公法がカバーするのは現代から見るとずっと狭い領域でした。なお，公法という言葉は多義的に用いられ，強行法（私人の合意により適用除外できない法）を意味することもありました。

　市民革命を経て近代的な市民社会が成立する 18 世紀に，公法と私法についての理解は大きく変化します。18 世紀末に至るまで，刑法，行政法，訴訟法，強制執行法といった（現代であれば公法に属する）法分野は私法に分類されていました。これは，国家以外の社会や個人にも刑罰権，裁判権，強制執行権など様々な権限が認められるとする**自然法論**に影響によるものでした。ところが，18 世紀末以降，そのような権限は国家により独占されるという考え方が一般的になり，上記の法分野は公法に属するものとされ，公法の領域が拡大していきました。こうして**公法と私法の近代的区別**が確立します。

　20 世紀に入り，資本主義の高度化に伴い，そこから生じる貧富の格差，社会的不平等など様々な問題が認識されるに至りました。そのため，私人相互の関係に対しても国家が干渉しその問題を是正すべきという考え方が強くなり，その結果，労働法，社会保障法といった**社会法**と総称される法律が制定されました。こうした特徴から，社会法は公法私法のどちらにも属さない（または両方の性質を持つ）ものとされます。また，近年では公法と私法とを厳密に区別する考え方（公法・私法二元論）を維持するよりも，両者が交錯する場面での協働が必要だという意見も強く主張されています。

第2章
憲法（統治）

憲法は，国の基本法として存在し，その中でも「統治」に関する定めは，国の成り立ちに関わるところでもあって，政府等の権能について定められています。中学校で「三権分立」ということばを習ったことと思いますが，これについても定められています。

ここでは，「三権分立」「地方は誰のもの？」「憲法はなぜ存在するのだろう」というトピックに沿って憲法（統治）について学びます。

Ⅰ 三権分立

① 三権分立とは

中学校の公民でも習うことばとして，「三権分立」というものを聞いたことがある人は多いでしょう。三権分立とは，国家権力を1か所に集中させるのではなく，複数の独立した機関に分けて，互いに抑制・均衡を図り，権力の濫用を防ぎ，国民の権利を保護するという**権力分立**という原理（モンテスキューの『法の精神』）を前提として，わが国では，国家権力を「国会」「内閣」「裁判所」にそれぞれ，「立法権」「行政権」「司法権」の**三権**を与えていることから，三権分立といいます。

権力を1か所に集中させないことの最終目的は，国民の権利・自由を守ることにあるとされ，こうしたことから，権力分立は「自由主義的な政治組織の原理」ともいわれます（芦部信喜・高橋和之補訂『憲法〔第7版〕』（岩波書店，2019年）297頁）。

② 国 会

国会は，唯一の立法機関として（憲法41条），立法権を有しています。立法権とは，法を制定することをいい，日本国憲法においても，国会には，法律を

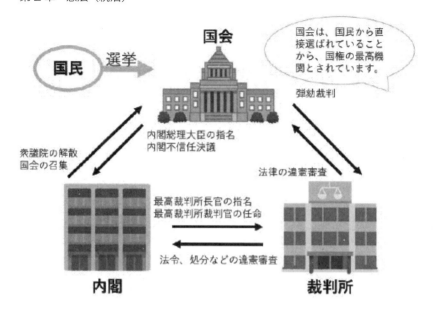

制定する権能が与えられています（憲法59条）。

　そして，国会は，「国権の最高機関」とされています（憲法41条）。これは，国会が主権者である国民によって直接選挙された代表者によって構成されていることによって国民と連結しているほか，立法権などの重要機能を憲法上与えられ，国政の中心的地位を占める機関とされるとの考えに立つものとされています（芦部・305頁）。こうした解釈を政治的美称説といいます。

　国会が唯一の立法機関であることについて，①国会以外の機関に立法を認めないという，**国会中心立法の原則**，②国会による立法が国会以外の機関の関与なく国会の議決のみで成立するという，**国会単独立法の原則**が求められています。しかし，これらには，例外も設けられており，**委任立法**（憲法73条：国会中心立法の原則の例外として，法律による委任などを通じて行政機関などが国会に代わって立法を行うこと）や地方自治特別法（憲法95条：国会単独立法の原則の例外。Ⅱを参照）などがあります。

　わが国の国会は，衆議院と参議院の二院で構成されていますが，これらは，任期や選挙制度，権限などを異なるものとして構成し，幅広い民意の反映といった意義を有するものとされています。この衆議院と参議院は，国民によって選ばれた国会議員によって構成され，国会議員は，全国民の代表者として歳

費を受ける特権（憲法49条），不逮捕特権（憲法50条），免責特権（憲法51条）を有します。

　国会の主たる権限は，立法機関として法律を制定する権能を有するものですが（憲法59条），そのほかにも，条約の承認（憲法61条），内閣総理大臣の指名（憲法67条）などがあります。こうした国会の権限に関しては，国会が二院で構成されることから，衆議院と参議院の意見が異なる場合もあり，国会の機能停滞を防ぐために，衆議院の優越が認められています。衆議院の優越は，法律の制定に関するもの（憲法59条2項）のほか，予算の議決（憲法60条），条約の承認（憲法61条），内閣総理大臣の指名などに認められています（憲法67条）。

　さらに国会は，裁判所に対して，**弾劾裁判権**を有しています。弾劾裁判所とは，裁判官訴追委員会によって罷免の訴追を受けた裁判官を裁判するために設置される組織で，国会議員によって構成されます。裁判官は，心身の故障のため職務を果たすことができないと判断された場合を除いて，この弾劾裁判によって罷免判決を受けない限り罷免されることはありません（憲法78条）。そのように，裁判官の身分保障をすることによって，公正な裁判が担保されています。

　こうした国会は，会期という活動する期間が定められ，①通常国会（常会），②特別国会（特別会），③臨時国会（臨時会）の種類に分けられています。

　通常国会は，毎年1月に召集される国会で，予算の審議や法案の審議を行います。特別国会は，参議院の解散総選挙後に召集される国会で，内閣総理大臣の使命を行います。臨時国会は，内閣などの要求で召集される国会で，通常国会閉会後に補正予算の必要性がある場合にこの審議等を行います。

❸　内　閣

　内閣は，行政権の主体として位置付けられています。ここで，行政とは，国会によって定められた法律に基づき国家を運営し，また，国家運営に関する予算を執行することをいい，行政とは，国会の立法，裁判所の司法を除く国家作用とされています（控除説：11章のコラム「改めて，『行政』とは？」も参照してください）。現代国家では，社会福祉の拡充などの行政需要も増大しており，多くの作用を有する行政を一義的に定義することは困難であるともされます。

　そのような行政について，日本国憲法は，「行政権は，内閣に属する」（憲法65条）と規定し，行政権の主体として内閣を位置付けています。

17

　内閣の組織と存続の基礎を国会に置く制度を**議院内閣制**といい，わが国でもこの制度が用いられています。

　議院内閣制の定義としては，①「議会（立法）と政府（行政）が一応分立していること」，②「政府が議会（両院制の場合には主として下院）に対して連帯して責任を負うこと」が一般的に挙げられるほか，③「内閣が議会の解散権を有すること」を加える場合もあるとされています。そしてわが国では議院内閣制について，内閣の国会に対する連帯責任（憲法66条3項），衆議院の内閣不信任決議権（憲法69条）のほか，内閣総理大臣と国務大臣の過半数を国会議員とすること（憲法67条1項，68条1項）などを規定し，議院内閣制を明示的に採用しているとされます。

　内閣は，内閣総理大臣を中心として国務大臣とともに構成する合議体とされ（憲法66条1項），内閣総理大臣，国務大臣が文民であること（憲法66条2項）などが規定されています。

　こうした内閣の主たる権限は，一般行政事務のほか，①内閣が，行政の中心として，全体の総合調整を図り政策の策定・実施すること，②「条約の締結」以外の外交事務の処理に関する権限に関すること，③条約の締結をすること，④国の公務に従事する公務員のうち行政部職員について国家公務員法による基準を定め，これに関する事務を行うこと，⑤予算を作成して国会に提出すること，⑥憲法および法律の規定を実施するために，政令を制定すること，⑦大赦，特赦，減刑，刑の執行の免除および復権を決定することとされています（憲法73条）。

　また，**独立行政委員会**と呼ばれるものがあります。独立行政委員会とは，特定の行政事務を内閣から独立に行う機関のことであり，政治的中立性が望まれる行政事務について，内閣から独立させてその事務を行うものとされます。そして，この機関には，準立法的権限（規則制定権）および準司法的権限（審判権）が付与された機関も存在しています。今日の人事院，公正取引委員会などが独立行政委員会にあたる機関です。

　独立行政委員会については，憲法で行政権が内閣に属することを規定しているため，憲法が明示的に例外とするものは別として，法律によって設置され，独立に職権行使をする独立行政委員会が，行政権は内閣に属し，その行使について国会に対して責任を負うという原理に反するものでないかとの議論もあります。

　ここでは，いくつかの学説が登場しますが，1つには独立行政委員会も内閣のコントロール下にあり合憲であるとするものがあります（独立性否定説）。ここでは，憲法65条の行政権規定は例外を認めず，行政権が内閣に属することを規定しているとして，独立行政委員会も内閣の下に存在するものとしています。その理由としては，独立行政委員会のメンバーの任命権や予算編成権を内閣がコントロールできるということが挙げられます。もう1つには憲法65条の規定が一定の例外を認めつつ，内閣に行政権が属することとしていると規定しているというものです（独立性肯定説）。ここでは，憲法76条1項が，「すべて司法権は，……」と規定しているものの，憲法65条は，「行政権は，内閣に属する」としていることから，行政権は，「すべて」内閣に属さない「例外」を前提としているなどとされています。

4 　裁　判　所

　司法とは，「具体的な争訟について，法を適用し，宣言することによって，これを裁定する国家の作用」であって，具体的な事件がある場合に裁判所による正しい法の適用を保障する作用とされます。日本国憲法では，裁判所が司法の作用を担うこととされます（憲法76条1項）。

　ここで司法権については，政治から独立した公正な裁判を実現するために，裁判所を政治から切り離し，政治の干渉等を受けないよう，**司法権の独立**を定めています（憲法78条など）。

　司法権の及ぶ範囲，つまり裁判を行うことができる範囲については，裁判所法3条に定められるような法律上の争訟，すなわち具体的な争いごとであって，法律の適用によって解決できることでなければなりません。そして裁判所には，**違憲審査権**が付与されています。これは，一切の法律，命令，規則，処分が憲法に適合するかどうか決定する権限のことです。

　上記のような司法権の及ぶ範囲であることから，わが国では，**付随的違憲審査制**（具体的な争訟について裁判するときに，その前提として解決に必要な限度で適用される法令の違憲審査を行うもの）が採用されているとされ，具体的な争いごとでなければ憲法違反の主張を行うことができません。つまり，新たに成立した法律それ自体が憲法違反であるなどといった訴えを行うことができないということになります。

　一方で，法律それ自体の憲法違反を問うような違憲審査（**抽象的違憲審査制**）

を行うことができる国も存在しています（ドイツなど）。

　司法権は，「最高裁判所」および「法律の定めるところにより設置する下級裁判所」が行使することとされており，最高裁判所は，長たる裁判官（最高裁判所長官）およびその他の裁判官（最高裁判所判事）14名で構成され（裁判所法5条），最高裁判所の裁判官は国民審査に付されます（憲法79条2項）。また，憲法では，裁判の公正さ確保のために，裁判の公開に関する規定が設けられています（憲法82条）。

　裁判所には，司法権が与えられていますので，あらゆる争いごとを裁判で解決できるように思われますが，実は，司法権の及ばない範囲（司法権の限界）が存在します。Ⅳの重要判例紹介で示している④⑤の判例がその代表例です。

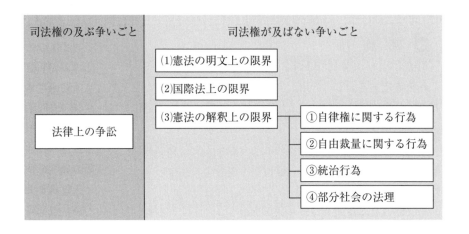

　司法権の限界については，上記の分類があります。(1)憲法の明文上の限界は，憲法の中に裁判所が裁判できない事項として記されているもので，国会（議院）の自律権に基づく議員資格に関する事項や裁判官の弾劾裁判が含まれます。(2)国際法上の限界は，治外法権や条約による裁判権の制限のことです。(3)憲法の解釈上の限界はさらに分類されています。

　①**自律権**に関する行為は，他の機関等から干渉されずに独立して物事を決定できる国会など自律権について最大限に尊重することとして，司法審査の対象としないとする解釈です。②**自由裁量**に関する行為は，国会や内閣などの自由裁量に属する行為については，その裁量を著しく逸脱したり著しく濫用したりしない限り司法審査の対象としないとする解釈です。国務大臣の任免等がこれ

に当たります。③**統治行為論**は，国家統治に関するような高度に政治的な問題
については，そのことを理由として法的判断が可能であったとしても，司法審
査の対象としないとする解釈です。自衛隊の合憲性や在日米軍の合憲性，条約
の合憲性などが争われた際に用いられることがあります。④**部分社会の法理**は，
一般の市民社会の秩序とは直接関連しない「部分社会」の中では，その内部的
問題などについて司法審査の対象としないとする解釈です。地方議会議員の懲
罰，政党の党員資格停止，大学の単位認定などが部分社会の法理によって司法
審査の対象とならない事項とされることがあります。

Ⅱ　地方は誰のもの？

1　地域主権？　地方分権？　地方自治？

「**地域主権**」ということばを聞いたことがあるでしょうか。地域主権改革と
いうものがあり，ここでは，「地域のことは地域に住む住民が責任を持って決
めることのできる活気に満ちた地域社会をつくっていくことを目指」す，とさ
れ，2009 ～ 2013 年の間，民主党政権時代を中心に行われた改革がありました。

　これは，旧来型の中央集権型の地方自治に対する，「**地方分権**」と同じよう
な意味合いで使われていましたが，そもそも「**地方自治**」とは何を指すことば
なのでしょうか。

　地方自治とは，国から独立して（地方）「団体」の運営を行う自治が認めら
れていることで，その地域（団体の領域）に住む人の意思が地方の行政に反映
される制度となっています。

　ここでの団体のことを，**地方公共団体**といいます。都道府県や市町村など皆
さんのなじみ深い団体もここに含まれているのですが，自治会・町内会や学校
区（校区）などは，ここに含まれません。地方公共団体とは何か，判例を参照
してみましょう。

2　憲法上の地方公共団体とは？

　憲法には，「地方公共団体」ということばが，憲法 92 条から憲法 95 条に登
場します。憲法上の地方公共団体の意味については，憲法 93 条に関連して，
最高裁判断が次のような判断を示しています。

21

　「地方公共団体といい得るためには，単に法律で地方公共団体として取り扱われているということだけでは足らず，事実上住民が経済的文化的に密接な共同生活を営み，共同体意識をもつているという社会的基盤が存在し，沿革的にみても，また現実の行政の上においても，相当程度の自主立法権，自主行政権，自主財政権等地方自治の基本的権能を附与された地域団体であることを必要とするものというべきである」（最大判昭和38年3月27日：憲法Ⅱ・200，地方・1）。

　この判例では，実態に照らして地方公共団体とされるものについては，憲法上の地方公共団体としての「保障」が与えられる（憲法で保障した地方自治の権能を法律で奪うことはできない）との判断も示されています。そのうえで，特別区（東京都の23区）については，ここでの地方公共団体に含まれないと示したのです。

　それでは，上記の判例で示されるような，地方公共団体とはいったいどのようなものなのでしょうか。

　一般に地方自治の運営の主体が地方公共団体とされ，ここには**都道府県**や**市町村**などが含まれることになります。都道府県，市町村は，地方自治法において**普通地方公共団体**と位置付けられ，特別区などは**特別地方公共団体**と位置付けられています。特別地方公共団体には，特定の目的のために設置される団体も含まれ，特別区誕生の歴史的背景などもあることから実態としての地方公共団体性が認められてきませんでした。

　しかしながら，2000年の地方自治法の改正によって特別区は，他の市町村と同じく「基礎的な地方公共団体」と位置付けられ，都からの権限の移譲も行われたことから，今日の憲法上の地方公共団体には，特別区が含まれるものと考えて良いでしょう。

3　憲法上の地方自治の保障と地方自治の役割

　日本国憲法は，第8章で地方自治の保障を規定しています。

　ここで，**地方自治の本旨**に基づく地方自治制度の基本原則を定め（憲法92条），議事機関たる議会の設置と，その議会議員と執行機関の長の直接選挙により**二元代表制**を定めています（憲法93条）。そして，地方公共団体の行政権

能の保障とともに，**条例制定権**を保障し（憲法94条），国会の恣意による自治権の侵害を防止するための地方自治特別法の規定を設けています（憲法95条）。

　地方自治には，**住民自治**と**団体自治**の2つの要素があるとされ，「地方自治の本旨」とは，これらの要素を含む概念と考えられています。

　住民自治とは，地方自治が住民の意思に基づいて行われるという民主主義的要素のことで，憲法93条に定める議員や長の住民による直接選挙がその代表例です。団体自治とは，地方自治が国家から独立した団体によって，団体自らの意思と責任によって事務を行うという自由主義的・地方分権的要素のことで，憲法94条における地方公共団体の行政権能の保障がその代表例です。

　このような地方自治の保障の下で，「住民の福祉の増進を図ることを基本として，地域における行政を自主的かつ総合的に実施する役割を広く担う」ものとして，地方公共団体が設置されています。

　そして，都道府県は市町村を包括する団体として広域的事務や市町村の連携に関する事務を行い（警察事務や大きな河川の管理などを行います），市町村は都道府県が行うものを除く地域の事務などを行う（生活保護，上下水道の設置・管理，消防・救急などを行います）というようにそれぞれの役割があります。

④ 条例制定権

　憲法94条は，「地方公共団体は，その財産を管理し，事務を処理し，及び行政を執行する機能を有し，法律の範囲内で条例を制定することができる」として憲法や法律に反しないことを条件に地方公共団体の条例制定権を認めています。

　そして，地方自治法では，「条例に違反した者に対し，2年以下の懲役若しくは禁錮，100万円以下の罰金，拘留，科料若しくは没収の刑又は5万円以下の過料を科する旨の規定を設けることができる。」（地方自治法14条3項）として，条例で刑事罰を科すこともできるとされています。

　条例って法律とは違うの？　そんな疑問を持つ人もいるかもしれません。

　法律は，国会によって定められる**議会制定法**のことで，国のルールですが，条例は，地方の議会によって定められる地方（独自）のルールのことです。

　地方公共団体には，この条例に基づいて，自らの事務を行うことが認められていますし，住民に守って欲しいルールを条例で定めることもあります。

　「迷惑防止条例」というものを聞いたことがある人もいるでしょう。チカン

や盗撮などの取締りに用いられるルールで，各都道府県が定めています。また，「青少年健全育成条例」といったものも各都道府県が定めていますが，青少年の健全な育成のために特定の表現などを規制することがあります。そのほか，「歩きたばこ禁止」や「自転車保険加入の義務」など，国の法律で規定されていない独自のルールが条例の中で定められていることがあります。

Ⅲ 憲法はなぜ存在するのだろう

1 憲法の意義

憲法は，Constitutional Law と英語表記されるように，国家作用を担う組織（統治機構）の構造（constitution）を定めることとされています。そうしたことから，「国家という統治団体の存在を基礎づける基本法，それが通常，憲法と呼ばれてきた法である。」（芦部・3頁）ともいわれます。

また，近代立憲主義の下では，憲法制定権者＝国民という観点，すなわち国民主権原理の観点や近代自然法・自然権などによって基礎付けられ，国民の人権保障を中心とする憲法が定められています。

国家とは，いわば私たちの住む世の中＝社会のことです。この社会において人々が生活するうえで必要なルール＝法律等を制定すること，ルールに基づいて人々の生活のため予算に沿って国家運営＝行政を行うこと，ルールに従わなかった者の処罰やルールに基づいて人々の間での問題を解決すること，といった国家の基本となる事項を定めているのが憲法ということになります。

ここで，国家の中で権力が一ヶ所に集中し，権力の濫用が起こらないために，Ⅰの三権分立・権力分立という考え方が登場します。

また，憲法は，国家の権力を制限するという「**立憲主義**」，つまり法によって定められた権力を，上位の法＝憲法によって支配するという考えによって，権力を制限してきました（憲法の最高法規性。1章Ⅱも参照してください）。これは，中世において，国王といえども従わなければならない高次の法があるという考えに淵源があるとされます。

2 日本における憲法の歴史

わが国において統治に関し規定した憲法が誕生したのは，1889年に制定された**大日本帝国憲法**が初めてのものです。大日本帝国憲法は，1889年2月11

日に公布，1889 年 11 月 29 日に施行され，その 4 条で，「天皇ハ国ノ元首ニシテ統治権ヲ総攬シ此ノ憲法ノ条規ニ依リ之ヲ行フ」と規定し，現在は国会，内閣，裁判所が担う国家の統治権を天皇が総攬する（天皇が支配する）ことを規定した**君主主権**の憲法でした。

この大日本帝国憲法では，立法権の主体は天皇であるとされ，（5 条），内閣に関する定めはなく，国務大臣が天皇を補佐することが規定されていました（5 条 1 項）。一方で，裁判官は司法大臣の監督下に置かれているものの，独立が保障されるとされていました（58 条 2 項）。

わが国は，第二次世界大戦で敗戦し，ポツダム宣言を受諾しました。ポツダム宣言では，「平和的傾向を有する責任ある政府の樹立」，「民主主義的傾向の復活強化」，「基本的人権の尊重の確立」などが要求されたことから，大日本帝国憲法の抜本的な改正を求められることになりました。

1947 年 5 月 3 日に施行された日本国憲法では，憲法前文や 1 条で，**国民主権**が規定されました。主権とは，一般に，①国家権力そのもの（国家の統治権），②国家権力の属性としての最高独立性，③国政についての最高決定権，という意味で用いられています。そして，国民主権とは，最終的な国政に関する決定権を有するのが国民であり，国家権力の正当化を国民に求める（**民主的正統性**）という意味で用いられます。言い換えれば，国民が国政の決定権者であって，国家の政治は国民の意思によって行われるということが規定されました。

この国民主権については，その内容の一つとして憲法制定権力があります。この保障のために，憲法 96 条では，憲法改正に際しては国民の承認を必要とする旨が定められています。憲法改正については最終的に国民に決定権を与えているということです。

このほか，日本国憲法では，国会，内閣，裁判所の三権分立が規定され（Ⅰ参照），地方自治についても規定がなされました（Ⅱ参照）。

日本国憲法では，国民主権を採用したことから，大日本帝国憲法における君主主権を排して，**天皇**の「非政治性」を求め，天皇の行為は制限され，国政に関する権能を持たず，国事行為のみを行うこととされました（※女性天皇等についてはコラムも参照してください。）。天皇の行う国事行為については，憲法 7 条に次のように規定されています。

天皇は，内閣の助言と承認により，国民のために，左の国事に関する行

為を行ふ。

一　憲法改正，法律，政令及び条約を公布すること。

二　国会を召集すること。

三　衆議院を解散すること。

四　国会議員の総選挙の施行を公示すること。

五　国務大臣及び法律の定めるその他の官吏の任免並びに全権委任状
及び大使及び公使の信任状を認証すること。

六　大赦，特赦，減刑，刑の執行の免除及び復権を認証すること。

七　栄典を授与すること。

八　批准書及び法律の定めるその他の外交文書を認証すること。

九　外国の大使及び公使を接受すること。

十　儀式を行ふこと。

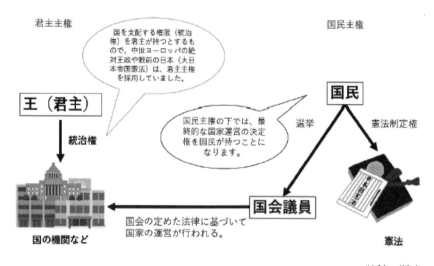

また，戦争に対する反省から，憲法９条を設け，国権の発動たる**戦争の放棄**（せんそう ほうき）などを規定しています。憲法９条をめぐっては，自衛隊の合憲性，在日米軍の合憲性などについても議論されることがあります。興味がある方は，憲法に関するテキストも参照して学んでください（※憲法の入門として，安西ほか『憲法学読本〔第３版〕』（有斐閣，2018年）をお勧めします）。

Ⅳ　重要判例紹介

① 砂川事件——最大判昭和 34 年 12 月 16 日（憲法Ⅱ・163）
　　駐留米軍と旧安保条約の憲法 9 条合憲性について争われた事件であるものの，「高度の政治性」を理由として司法審査が及ばないとされた事例。

② 抜き打ち解散事件——東京高判昭和 29 年 9 月 22 日（憲法Ⅱ・172）
　　解散を決定する権限を誰が有するのかを争点として争われた事例（コラムも参照）。

③ 最大判平成 23 年 11 月 16 日（憲法Ⅱ・175）
　　憲法が国民の司法参加を許容することと，裁判員制度が憲法に違反しないことが示された事例。

④ 「板まんだら」事件——最三小判昭和 56 年 4 月 7 日（憲法Ⅱ・184）
　　宗教上の教義に関連して，「法律上の争訟」の意義や司法権の限界について示された事例。

⑤ 警察予備隊違憲訴訟——最大判昭和 27 年 10 月 8 日（憲法Ⅱ・187）
　　自衛隊の前身である警察予備隊の設置等に関して，憲法 9 条違反などとして訴訟が提起されたが，具体的事件を前提としていないため却下された事例。

⑥ 最大判昭和 38 年 3 月 27 日（憲法Ⅱ・200，地方・1）
　　特別区が憲法上の地方公共団体たるか示された事例。

⑦ 企業税条例事件——最一小判平成 25 年 3 月 21 日（憲法Ⅱ・201，地方・32）
　　神奈川県の企業税条例に関連して，地方公共団体に課税権が認められることが，最高裁として初めて示された事例。

⑧ 福井地判昭和 27 年 9 月 6 日（憲法Ⅱ・A14）
　　独立行政委員会と内閣の行政権の関係について示された事例。

⑨ 徳島市公安条例事件——最大判昭和 50 年 9 月 10 日（地方・31）
　　法律との関係で，条例制定権の限界について示された事例。

コラム 4 「解散権は誰のもの？」

　中学校で三権分立を習った際に，内閣には，衆議院の解散権があると習った記憶のある人が多いのではないでしょうか。

　衆議院の解散について，憲法は次のような規定を設けています。

7条　天皇は，内閣の助言と承認により，国民のために，左の国事に関する行為を行ふ。
3号　衆議院を解散すること。

69条　内閣は，衆議院で不信任の決議案を可決し，又は信任の決議案を否決したときは，十日以内に衆議院が解散されない限り，総辞職をしなければならない。

　これらの規程から，衆議院の解散が天皇の国事行為として行われることと，内閣不信任に対して，内閣が解散権を行使できることが分かるでしょう。しかし，単純に「解散は総理の専権事項」（平成 28 年 10 月 3 日菅官房長官定例記者会見）というようなことが憲法上あり得るのでしょうか。

　この点，天皇の国事行為については，内閣が助言と承認を行うことから，実質的な衆議院の解散権をも有すると解されているようです。

　裁判所も重要判例紹介の②（抜き打ち解散事件）において，憲法 69 条の形式以外の解散も憲法上許容されると示していますので，憲法 7 条を根拠として，内閣に解散権があると解釈することもできるかもしれません。

　では，わが国と同じく議院内閣制をとるイギリスではどうでしょうか。従来，イギリスでも首相に実質的な議会（下院）の解散権があるとされ，首相が自由に解散権を行使することができました。しかし，2011 年に任期固定法（Fixed-term Parliaments Act 2011）が成立し，議会の解散については，自律的解散（議会自らが解散を承認する場合）は認めるが，それ以外は不信任決議可決以外の解散を認めないとされました。ドイツやフランスでも議会の解散については制限が設けられていますが，わが国の衆議院の解散について，「首相」が「自由」に行うことができるとする解釈がはたして正しいものでしょうか。慎重に検討しなければならないでしょう。

コラム 5「天皇のあり方と女性天皇，女系天皇の是非」

　この国にとって「天皇」とはナニモノでしょうか。戦前には，憲法上の「天皇」を国家機関として位置づける「天皇機関説」という考え方も登場します。これは，憲法上の天皇は，天皇個人のことではなく，法人たる国家の最高機関（最高意思決定機関）と位置づけるものでした。戦前の天皇は，統治権を総攬する存在であり，一つの国家機関と位置づける考え方は理にかなったものといえたかもしれません。

　それでは，現行憲法における天皇はどうでしょう。日本国憲法第 1 条では，「天皇は，日本国の象徴であり日本国民統合の象徴」とされています。「象徴」という抽象的な概念がいかなるものであるのか難しいところですが，日本国憲法下での天皇は，国事行為をはじめとしたさまざまな活動を通じてこれを体現し，私たち国民の中での天皇像が 70 年以上の日本国憲法の歴史の中で形作られてきたといえるかもしれません。

　この天皇や皇族の地位（皇位）は，世襲のもの（憲法 2 条）であって，皇統に属する男系男子にのみ継承権が認められています（皇室典範 1 条）。近年，皇族男子の減少から，女性皇族の婚姻後の活動や，女系への皇位の継承，女性天皇，女系天皇といった議論が行われることがあります。

　憲法 2 条は，皇位を世襲のものと定めているだけですので，憲法上は，女性にも皇位継承権は引き継ぐことは可能ともいえます。このため，婚姻後の女性皇族が皇族としての活動をすることや，父親である天皇から皇位を継承する女性天皇（過去の歴史の中でも存在）については，認められるといえるかもしれません。

　一方で，女系天皇（女性天皇や女性皇族の子どもが天皇に即位）については，わが国の歴史上存在しておらず，これを認めるかどうかは国を二分するような議論になるかもしれません。他国では，女王などが誕生した場合に女系が継続するのではなく，男系として王朝が変わることになりますが，わが国はそうした文化がないため，受け入れがたい問題といえるのでしょう。

第3章
憲法（人権１）

　憲法は，国家から個人の人権を保障することを目的とするものです。そこで，本章では，まず，「人権とは何か」（Ⅰ）ということを明らかにするために，人権の種類，制約，範囲を説明します。そのうえで，各種人権のうち，「幸福追求権と平等権」（Ⅱ），および，「精神的自由権」（Ⅲ）について具体的に解説します。また，「経済的自由権」，「社会権」，および，「参政権」については，次章において扱います。

Ⅰ　人権とは何か

１　人権の種類

(1)　自　由　権

　前近代の国家では，君主が全ての国家権力を集中的に有し，その国家権力の行使(こうし)をコントロールすることができない状態でした。そのため，君主が勝手に国家権力を行使し，個人に不当な課税や処罰がなされることで，個人の権利，利益や自由等が大きく侵害されていました。そこで，近代では，国家のあり方について定める憲法に基づき，①国家権力を複数の国家機関に分散させ，国家機関同士で国家権力の行使について監視しあう体制である権力分立制を確立すること，および，②その国家機関に対する個人の参加を保障することで，③前近代の国家では侵害されていた個人の権利，利益や自由等を人権として保障しようとする考え方，すなわち，**近代立憲主義**(きんだいりっけんしゅぎ)が登場しました。

　当初の近代立憲主義では，国家には，前近代のような不当な課税や処罰等の介入によって個人の権利，利益や自由等を侵害しないことが求められました。こうした国家観を，国家は自由等を保障するために必要最小限度の介入しかすべきでないとするものであることから，**自由国家**(じゆうこっか)（国家に夜間の警備のような役割のみを求める消極的な国家観であることから，**夜警国家**(やけいこっか)，または，**消極国家**(しょうきょくこっか)）と

31

いいます。また，自由国家に基づき，国家から介入されないことを求める**自由<ruby>権<rt>けん</rt></ruby>**（国家からの自由）も保障されることとなりました。自由権は，主に，思想・良心の自由や表現の自由等の精神的な活動に関する**<ruby>精神的自由権<rt>せいしんてきじゆうけん</rt></ruby>**，職業選択の自由等の経済的な活動に関する**<ruby>経済的自由権<rt>けいざいてきじゆうけん</rt></ruby>**，および，不当に身体を拘束されない自由である**人身の自由**に分類されます。

(2)　社　会　権

　しかし，多くの人々は，自力では，健康で文化的な最低限度の生活を営むこと，教育を受けることや，適切な環境で働くこと等ができません。彼らに対し，国家が「最低限度の生活を営むこと，教育を受けることや，適切な環境で働くこと等に介入しません」という，自由権に基づくものと同じ態度をとっても，それらを彼らができるようにはなりません。この点は，19世紀に産業革命と資本主義の発展に伴い社会における格差の拡大していく中で，その格差を維持または拡大させる深刻な問題として認識されることとなりました。そこで，国家には，それらを彼らができることを保障することで，社会における格差を是正するために，むしろ積極的に介入することが求められることとなりました。

　こうした国家観のことを，国家は社会における格差の是正に向けて介入すべきとするものであることから，**社会国家**（国家に社会福祉等の役割も求める積極的な国家観であることから，**<ruby>福祉国家<rt>ふくしこっか</rt></ruby>**，または，**<ruby>積極国家<rt>せっきょくこっか</rt></ruby>**）といいます。また，社会国家に基づき，金銭の給付や法制度の整備等といった国家による介入を求める**<ruby>社会権<rt>しゃかいけん</rt></ruby>**が保障されることとなりました。社会権は，主に，生存権，教育を受ける権利，勤労の権利や労働基本権から構成されています。

(3)　国務請求権

　権利利益の救済や保障等のために，金銭の給付や法制度の整備等といった国家の行為を求める権利を**国務請求権**といいます。主な国務請求権として，国家賠償請求権，刑事補償請求権，裁判を受ける権利，及び，請願権があります。

　社会権と国務請求権は，いずれも国家の行為によって保障されるという性質を有しているため，**国家による自由**と呼ばれています。また，社会権も国家の行為を求める権利ですから，**社会国家的国務請求権**として国務請求権の中に含まれることがあります。

⑷　参　政　権

　前記のとおり，近代立憲主義は，個人の人権を保障するために，国家機関への個人の参加の保障を求めるものです。こうした参加を人権として保障するものを**参政権**（または，国家への参加を保障する人権であることから，**国家への自由**）といいます。主な参政権として，選挙権や被選挙権があります。

筆者作成

⑸　幸福追求権・平等権

　憲法13条では，全ての人権の基礎となる権利である**幸福追求権**が保障されています。この権利から導かれる重要な人権として，憲法上明記されていない人権である新しい人権と自己決定権があります。また，憲法14条では，平等に取り扱われることや差別されないことを求める**平等権**が保障されています。

　本章では，幸福追求権と平等権（Ⅱ），および，精神的自由権（Ⅲ）について説明します。経済的自由権，人身の自由，社会権，国務請求権，および，参政権については次章で扱います。

② 人権の制約

⑴ 根　　拠

　人権については，無制約に保障されるわけではありません。基本的には憲法13条に基づき，他の人権や利益等といった**公共の福祉**を根拠とした制約が正当化されることもあります。公共の福祉に含まれる人権や利益等は，基本的には，他者や社会のものです。ただし，本人の人権や利益等に対する回復不可能な損害を防止するために必要な場合に限り，その本人の人権を制約することが正当化されます。このように本人のために本人の人権を制約する考え方を**パターナリズム（父権主義）**といい，パターナリズムに基づく制約をパターナリスティックな制約といいます。たとえば，未成年者飲酒禁止法や未成年者喫煙禁止法での未成年者の飲酒や喫煙の禁止は，パターナリスティックな制約です。

⑵ 審 査 方 法

　公共の福祉による人権の制約が正当化されるかは，制約毎に，制約で得られる公共の福祉と失われる人権を比べる**比較衡量**という方法で審査されます。

　ただし，単なる比較衡量だけでは，審査する者の主観的な考え方が審査に影響しかねません。そこで，比較衡量の際には，①制約目的，および，②制約目的と制約手段の関連性を審査する**目的・手段審査**という手法が主に用いられます。

　加えて，審査には**違憲審査基準**という基準が用いられます。主な基準として，審査の厳しい順に，①目的が必要不可欠であり，手段が目的のために必要不可欠であることを求める**厳格審査基準**，②目的が重要であり，手段が目的と実質的に関連していることを求める**厳格な合理性の基準**，および，③目的が合理性を欠くものではなく，手段が目的に対し著しく不合理であることの明白なものとまではいえないことを求める**合理性の基準**（明白性の原則）があります。

　さらに，どの基準を用いるかに関し，制約される人権の性質に着目した一般的な原則があります。すなわち，表現の自由をはじめとした精神的自由権は，個人の人格形成に必要不可欠であり（**自己実現の価値**），人々が意見を交換し形成することを保障する点で，民主的な政治過程を通した人々自身による統治の大前提でもあります（**自己統治の価値**）。加えて，真理について自由に議論することで真理を探究する場である**思想の自由市場**を確保するために必要です。

　その一方で，経済的自由権は，大きな自己実現の価値を有するものではありますが，自己統治の価値とは関係のないものとされています。そのため，経済

的自由権の制約には，民主的な政治過程を通した是正を期待できます。加えて，基本的には，精神的自由権とは異なり，金銭等の経済的利益と結びつくことから，制約による萎縮効果が少ないとされています。さらに，精神的自由権と比べると，害悪の防止や格差の是正のために制約すべき必要性の高いものです。そのため，精神的自由権の制約の違憲審査では，経済的自由権の制約の審査よりも厳しい基準が用いられるとする二重の基準論という考え方が確立しています。この二重の基準論に基づき，経済的自由権の制約の審査では，厳格な合理性の基準や合理性の基準が用いられるとされている一方で，精神的自由権の制約の審査では，厳格審査基準も用いられうるとされています。

❸　人権保障の範囲

（1）　特別な主体

　人権は，原則として，あらゆる者に保障されます。しかしながら，外国人，及び，実際の人（自然人）ではないが法的には人とみなされる法人といった特別な主体に人権が保障されるかは，各人権の性質に応じ判断されています。

　外国人につき，在留中の政治活動を理由とした在留期間更新の不許可処分に関する**マクリーン事件**（最大判昭和53年10月4日（憲法Ⅰ・1））では，外国人にも表現の自由の一環である政治活動の自由が保障されるが，外国人の人権は，在留制度の枠内で保障されるにすぎないため，前記の不許可処分は憲法に反しないとされました。また，選挙権に関し，**外国人地方参政権訴訟**（最三小判平成7年2月28日（憲法Ⅰ・3））では，国民主権に基づき国民の政治参加を保障する人権であるため，憲法上は外国人に保障されないが，地方選挙に限り，定住外国人に与える法律を制定することも憲法上認められるとされました。

　法人につき，八幡製鉄社（現日本製鉄社）の政治献金に関する**八幡製鉄事件**（最大判昭和45年6月24日（憲法Ⅰ・8））では，「会社は，自然人たる国民と同様，国や政党の特定の政策を支持，推進または反対するなどの政治的行為をなす自由を有するのである。政治資金の寄附もまさにその自由の一環」であるとされることで，会社の政治献金は憲法上認められるとされました。

（2）　特別な法律関係

　国家に対し特別な法律関係にある公務員や刑事施設収容者の人権は，その法律関係の性質に応じた特別な制約を受けています。

　たとえば，公務員に関し，人事院の定める人事院規則は，政党機関誌の配布

等，表現の自由の保障する政治的行為を広く禁止しており，国家公務員法は，違反者に対する刑事罰を定めています。これらの規定は，①公務員の職務遂行の政治的中立性の保持，ならびに，ひいては，②行政の中立的運営の確保，および，③この運営に対する国民の信頼の維持を目的としたものです。こうした政治的行為の禁止につき，文言上は，地位や時間帯等による限定はありません。しかし，非管理職的地位にある公務員が休日に政党機関誌を配布したことが，禁止されている政治的行為なのかが問題となった**堀越事件**（最二小判平成24年12月7日（憲法Ⅰ・13））では，非管理職的地位や職務時間外であること等から，①から③に影響しないため，そうした政治的行為ではないとされました。

　加えて，公務員は，公務という公共的な職務を担っていることから，憲法73条4号では，彼らの勤務条件を法律で決定するという**勤務条件法定主義**が確立しています。この結果，公務員は，勤務条件について使用者と労働協約を締結する労働協約締結権や，使用者に勤務条件の改善等を求めるために職務の放棄等をする争議権等の労働基本権を制約されています。ただし，その代償措置として，基本的には，公務員の勤務条件に関する法律は，民間企業の水準に準拠した**人事院勧告**に従い定められることとされています。

　また，拘置所内で刑事判決を待つ未決拘禁者や刑務所内の受刑者等の**刑事施設収容者**は，刑事施設内の秩序維持等を目的とした特別な制約を受けています。たとえば，彼らの文書や図画の閲読を制限する旧監獄法等の規定が思想・良心の自由や表現の自由を制約し違憲であるかが論点となった**よど号ハイジャック記事抹消事件**（最大判昭和58年6月22日（憲法Ⅰ・14））では，そうした規定が刑事施設の秩序維持等を理由に憲法に反しないとされました。

（3）私人間効力

　憲法の規定は，原則として，国家を対象としており，国家と私人の間で効力を有するため，私人同士の間では直接には効力を有しません。したがって，思想を理由とした会社による労働者の本採用拒否が思想・良心の自由を保障する憲法19条に違反するか等が問題となった**三菱樹脂事件**（最大判昭和48年12月12日（憲法Ⅰ・9））では，憲法19条等の憲法の規定を私人間にも直接に適用すべきとする**直接適用説**が否定されました。その一方で，私人間においても当事者である各私人の基本的な自由や平等を尊重する必要があります。そのため，憲法の規定を私人間には適用すべきでないとする**無適用説**も否定されまし

た。そのうえで，私人間の法律関係について定める民法等の私法上の規定を解釈する際に憲法 19 条等の憲法の規定を考慮することにより，憲法の規定を私人間において間接的に適用すべきとする**間接適用説**が採用されました。

Ⅱ　幸福追求権と平等権

1　幸福追求権

　憲法 13 条は，個人が個人として尊重されることを求める**個人の尊重原理**を定めたうえで，この原理を実質的なものにするために，個人が幸福を追求する権利である**幸福追求権**を保障しています。

　幸福追求権は，すべての人権の基礎となる権利です。そのため，憲法上明記されている人権を基礎づけるだけではなく，明記されていない人権である**新しい人権**と**自己決定権**の根拠となるものでもあります。

　新しい人権とは，日本国憲法の制定後に，社会の変化を受け新たに認識されるに至った人権です。その代表例が**プライバシー権**です。プライバシー権は，特定の人物をモデルとした小説『宴のあと』に関する**宴のあと事件**（東京地判昭和 39 年 9 月 28 日（憲法Ⅰ・60））において，「私生活をみだりに公開されない」権利として初めて法的に認められました。その後，情報社会の発展に伴い，個人情報の重要性が高まり，その流通のあり方が大きな問題となる中で，自己の個人情報に関し閲覧，訂正や抹消等を求めることを保障する**自己情報コントロール権**も，プライバシー権の一環とされることとなりました。こうした権利を保障するものとして，2003 年には**個人情報保護法**が制定されました。

　自己決定権とは，自身の個人的な事柄について自身で決定する権利です。その内容は多岐にわたりますが，たとえば，中絶等の**家族のあり方に関する自己決定権**，髪型等の**ライフスタイルに関する自己決定権**，および，治療や安楽死等の**生命に関する自己決定権**等があります。治療の際に，患者が治療内容について十分な説明を受けたうえで同意していることを求める**インフォームド・コンセント**は，生命に関する自己決定権を行使する前提とされています。

2　平　等　権

　憲法 14 条は，平等に扱われる権利である**平等権**を保障しています。この権利の求める「平等」は，以下のとおり，非常に多義的です。

　まず，前近代の身分制社会では，農民に生まれると貴族になれない等，生まれた身分で人生が決定されてしまい，望む人生を送る機会自体が保障されていませんでした。そこで，身分制社会の廃止された近代では，こうした機会を等しく与える**機会の平等（形式的平等）**が平等の意味であるとされました。

　その後，産業革命が進展し，資本主義が発展すると，機会の平等だけでは，現実社会において恵まれた人々と苦しい人々との間で格差が拡大し，不平等の生じることが深刻な問題とされました。そのため，後者の人々を保護すること等により，結果として存在する格差の是正を求める**結果の平等（実質的平等）**も平等の意味であるとされました。たとえば，所得が多くなるほど累進的に税率が高くなる所得税の累進課税方式は，結果の平等に基づくものです。

　また，憲法14条は「法の下に平等」であることを求めています。この文言は，法が平等に適用されることを求める**法適用の平等**，および，適用される法の内容自体が平等であることを求める**法内容の平等**を意味するものです。

　とはいえ，憲法は14条で個人が平等に取り扱われることを要請する一方で，13条で個人が個人として尊重されることを求めています。したがって，憲法14条の平等は，個人の個性を一切考慮することなく全く等しく取り扱うことを求める**絶対的平等**ではなく，個性を考慮したうえで合理的な理由に基づき異なる取り扱いをすることも認める**相対的平等**を意味するものとされています。

　たとえば，女性は出産できますが，男性は出産できません。そのため，産前産後休業の権利を女性のみに保障する労働基準法の規定は，憲法14条の相対的平等に違反しないと考えられています。

　加えて，民法733条は，女性のみに原則として離婚後100日間の再婚を禁止していました。この離婚後100日間の再婚禁止期間につき，**再婚禁止期間判決**（最大判平成27年12月16日（憲法Ⅰ・28））は，民法772条が，離婚後300日以内に生まれた子どもの父親を離婚前の夫と推定し，さらに，再婚後200日経過後に生まれた子どもを再婚後の夫と推定するとしていたことから，こうした推定の期間の重複を避けるためという合理的な理由に基づくものとして，憲法14条に違反しないとしました。ただし，6か月という判決当時の再婚禁止期間のうち100日を超える約80日の期間については，前記のような合理的な理由のないことから憲法14条に違反するとしました。その後，2022年の民法改正により，残りの100日も廃止され，さらに，再婚後に生まれた子どもの父親は，離婚後300日以内でも再婚後の夫と推定されることになりました。

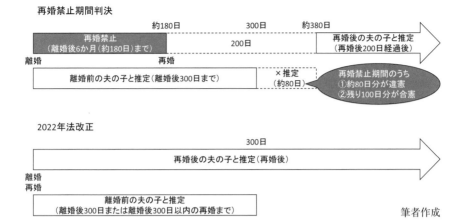

再婚禁止期間判決

2022年法改正

筆者作成

Ⅲ　精神的自由権

❶　思想・良心の自由

　憲法 19 条は**思想・良心の自由**を保障しています。この思想・良心とは，世界観，人生観や政治的意見等，内心での個人の人格形成に関わる考えです。そのため，虚偽の事実を報じた新聞紙に謝罪広告の掲載を強制執行できるかに関し，**謝罪広告事件**（最大判昭和 31 年 7 月 4 日（憲法Ⅰ・33））では，この謝罪広告の掲載は「単に事態の真相を告白し陳謝の意を表明するに止まる程度」のものであるから，その強制執行は思想・良心の自由の問題でないとされました。

　思想・良心に該当する考えは，専ら内心にとどまり，外部の行為と結びつかない限りでは，その内心を国家や他者が確認できるわけではなく，制約すべき理由となる害悪等が発生するわけでもないため，絶対的に保障され，いっさい制約されません。その一方で，内心にとどまらず，外部の行為と結びつく場合には，こうした行為の強制や禁止による思想・良心の自由の制約が問題となります。

　たとえば，公立学校の卒業式等の式典で教員に国歌の起立斉唱を求める職務命令が問題となった**君が代起立斉唱事件**（最二小判平成 23 年 5 月 30 日（憲法Ⅰ・37））では，起立斉唱行為は，「国旗及び国歌に対する敬意の表明の要素を含む行為である」とされたうえで，こうした行為を求めることは，こうした敬意の表明に否定的な考えの者には「思想及び良心の自由についての間接的な制約と

なる面があることは否定し難い」とされました。ただし，こうした行為を求める職務命令は，式典の円滑な進行や職務の公共性等の点で必要性と合理性の認められることから，憲法19条に違反しないとされました。

2 信教の自由・政教分離

(1) 信教の自由

憲法20条は，**信教の自由**として，①内心における宗教を信仰する自由や，②宗教に基づく行為の自由等を保障しています。

①につき，江戸時代の「絵踏」は，内心におけるキリスト教信仰の確認と禁止のために実施されていましたが，今日では，①を侵害し憲法20条に違反します。また，一般的に課せられている義務が①を理由に免除されるかも問題となります。たとえば，**日曜参観事件**（東京地判昭和61年3月20日（憲法Ⅰ・A6））では，キリスト教徒の生徒が，日曜日にキリスト教会の開催する教会学校に通うことを理由に，授業参観の開催される日曜日の授業に出席する義務を免れるかが問題となりました。この点につき，一方では，本件で①を理由に出席義務を免除すると，毎週平日に学校等を開催する宗教の信者には，その日の出席義務を毎週免除することにも至りかねず，そうすると，公教育が脅かされかねません。他方では，本件で出席義務を免除しないとしても，年間数日の日曜授業が欠席となるだけです。そのため，出席義務の免除は認められませんでした。これに対し，格技を禁止する宗教の信仰を理由に学校での剣道の授業の履修を拒否したために体育の単位が認定されず，その結果として留年・退学処分がなされた**剣道実技履修拒否事件**（最二小判平成8年3月8日（憲法Ⅰ・41））では，一方では，これらの処分が留年や退学といった重大な不利益をもたらすものであり，その不利益を避けるためには信仰に反する行為を余儀なくされること，及び，他方では，格技以外の実技の履修やレポートの提出等の代替手段をとることができたことから，それらの処分は認められませんでした。

②につき，判例では特に，犯罪にあたる宗教的行為が，「法令又は正当な業務による行為は，罰しない」とする刑法35条の正当業務行為に該当し無罪となるかが問題となりました。すなわち，宗教に基づき，精神障害を治療するための加持祈禱の際に精神障害者の首に線香を押し付けショック死させた行為につき，**加持祈禱事件**（最大判昭和38年5月15日（憲法Ⅰ・38））は，「他人の生命，身体等に危害を及ぼす……著しく反社会的なものであること」から，「信教の

自由の保障の限界を逸脱した」ものであるため，刑法 35 条を適用せず，刑法 205 条の傷害致死罪を適用しました。これに対し，刑法 130 条の建造物侵入罪等を犯した高校生について牧会活動として教会で匿い，反省を促し説得したうえで警察に任意出頭させた牧師が刑法 103 条の犯人蔵匿罪に問われた**牧会活動事件**（神戸簡裁昭和 50 年 2 月 20 日（憲法Ⅰ・40））は，こうした牧師の行為が信教の自由で保障されるとしたうえで，最終的に犯人を反省させ，任意出頭させること等により捜査に貢献した点等を考慮した結果として，牧師としての正当な業務行為であることから刑法 35 条を適用し，無罪としました。

(2)　政教分離

　また，憲法 20 条では，信教の自由を保障するために，政治や国家が宗教と関わることを禁止する**政教分離**という原則が定められています。この原則に基づき，国家は，宗教的な活動を禁止されています。とはいえ，一見したところ宗教的なもののように思われる活動の中には，実際には，宗教の信仰と関係なく広く一般的に行われている世俗的なものも多くあります。たとえば，各地における祇園祭やクリスマスマーケット等のイベントは，神道やキリスト教といった宗教に由来するものではありますが，これらの宗教を信仰しているかに関係なく多くの人々が参加するものです。このようなイベントに国家が関わったとしても，信教の自由の保障には影響のないものと考えられています。

　そこで，判例では，政教分離原則の禁止する宗教的活動は，国家が宗教と関わる活動のすべてではなく，①その目的が宗教的意義を有し，②その効果が特定の宗教への援助，助長，もしくは，促進，または，反対に圧迫，もしくは，干渉等になる活動に限られるとする**目的効果基準**が用いられています。この基準に従い，**津市地鎮祭事件**（最大判昭和 52 年 7 月 13 日（憲法Ⅰ・42））は，三重県の津市が津市体育館の建設の起工式において神道に基づく地鎮祭を主催し，その開催費用を支出したことにつき，地鎮祭は神道の信仰とは関係なく広く一般に開催されている世俗的な社会的儀礼であることから，宗教的な目的も効果も認められないため，政教分離原則には違反しないとしました。その一方で，**愛媛県玉串料事件**（最大判平成 9 年 4 月 2 日（憲法Ⅰ・44））は，愛媛県が靖国神社等の祭事において神前に供えられる玉串の料金である玉串料等を支出したことにつき，地鎮祭とは異なり神道の信仰とは関係なくなされる世俗的な社会的儀礼ではないことから，宗教的意義を有する目的，および，特定の宗教を援助，

助長，促進する効果が認められるため，政教分離原則に違反するとしました。

3　表現の自由

　憲法21条は，価値観，思想，意見や情報等を他者に伝えることを**表現の自由**として保障しています。この表現の自由は，表現の受け手側である他者が伝えられることを求める**知る権利**も含んでいるものと考えられています。

　表現の自由の規制は，表現の内容に着目した**内容規制**，および，表現の時，場所や方法等に着目した**内容中立規制**に分類されます。

　内容規制は，表現の時，場所や方法等を問わず特定の内容の表現全てを対象とするものです。その一方で，内容中立規制は，対象以外の時，場所や方法等での表現を対象とはしていません。そのため，前者は後者よりも強い規制であるとされています。また，実際にも，歴史を振り返ると，前近代の君主制国家や，戦前のイタリア，ドイツ，日本等では，体制批判等をはじめとした政府に都合の悪い内容に着目した表現規制により，民主的な政治過程を通した人々自身による自己統治が機能不全に陥るという事態が繰り返されていました。

　そのため，内容規制に関しては，厳格審査基準を用いることを基本とする厳しい違憲審査がなされることとされています。

　ただし，表現の内容の中には，わいせつな内容等，自己実現，自己統治や思想の自由市場等にほぼ寄与しない一方で，害悪防止のための規制の必要性の高いものもあります。こうした内容の表現については，規制される表現の自由と規制で得られる利益とを衡量し，明確かつ厳格に内容を定義したうえで，該当する内容の表現の規制を正当化する**定義づけ衡量**という手法が用いられます。

　たとえば，過激な性表現を含む『チャタレイ夫人の恋人』というイギリスの小説の日本での出版に当時の刑法175条のわいせつ物頒布販売罪が適用されるかに関し，**チャタレイ事件**（最大判昭和32年3月13日（憲法Ⅰ・51））は，表現の自由の重要性に言及しつつ，同条で規制される表現の内容である「わいせつ」を，①性欲を刺激し，②普通の人の正常な性的羞恥心を害し，③善良な性的道義観念に反するものと定義し，この定義を前提にわいせつ物頒布販売罪を合憲としたうえで，前記出版にわいせつ物頒布販売罪が適用されるとしました。

　その一方で，内容中立規制は，内容規制よりも緩やかに審査されるものとされています。たとえば，公職選挙法では，特定の選挙で特定の候補者に投票を呼びかける表現である選挙運動に対し，選挙の公正や候補者間の平等の確保，

または，買収等の不正の防止等のために，時，場所や方法等に着目した多様な規制がなされています。その一環として，有権者宅の軒先に訪問し特定の候補者への投票を呼びかける戸別訪問による選挙運動は，票の買収の温床になりかねない等の理由で禁止されています。この禁止に関し，**戸別訪問禁止事件**（最二小判昭和 56 年 6 月 15 日（憲法Ⅱ・158 解説））では，①目的の正当性，②目的と手段との間の合理的関連性，および，③得られる利益と失われる利益との間の均衡性という**合理的関連性の基準**と呼ばれる比較的緩やかな基準による審査の結果として，その合憲性が認められました。

その他の選挙運動に関する内容中立規制として，公職選挙法ではインターネット上の選挙運動が認められていませんでした。しかし，2013 年の同法改正により，ウェブサイト（ホームページ，ブログ，SNS，動画サイト）や電子メール等を利用したインターネット上の選挙運動が認められることとなりました。

④ 集会の自由・結社の自由

憲法 21 条は，集団の活動を**集会の自由**と**結社の自由**として保障しています。

集会の自由の集会とは，基本的には，①多数の人々が，②特定の目的で，③一時的に特定の場所に集まることです。ただし，特定の場所にとどまらないデモ行進も，「動く集会」として集会の自由の対象となります。

その一方で，結社の自由の結社とは，①特定の多数の人々が，②特定の目的で，③継続的に集まり活動する団体です。主として，参加する人々が特定されている点，および，活動が継続的である点で，集会とは区別されます。

政治集会や政治団体等に関しては，集会も結社も，特定の表現を目的とする手段として位置づけられます。そのため，集会の自由と結社の自由は，表現の自由と同じ憲法 21 条に規定されているのです。

その一方で，集会や結社には，趣味のイベントやサークル，または，一時的なボランティア活動や NGO 等，必ずしも表現を目的とはしないものもあります。これらでは，集会や結社自体が，他者との交流による自己実現や，他者や社会の利益につながることとなります。この点で，集会の自由と結社の自由は，表現の自由には還元されない固有の意義を有しています。

しかし，集会や結社での集団的な活動は，単独の活動以上に公共の福祉を害する危険性のあるものです。たとえば，ハロウィンには繁華街等に多くの人々が集まりますが，その結果，交通に支障をきたす事例や，犯罪の生じる事例も

あります。そのため，特に，道路や公園等の集会用でない場所での集団的な活動には，公共の福祉に基づき，単独の活動以上に厳しい規制が必要です。

　たとえば，道路や公園等での集会につき，**新潟県公安条例事件**（最大判昭和29年11月24日（憲法Ⅰ・82））は，①特定の場所や方法について，合理的かつ明確な基準の下にあらかじめ許可を受けさせる規定や，予め届出をさせて所定の基準に反する場合には禁止できる規定を設けること，または，②公共の安全に対し明らかな差し迫った危険を及ぼすことの予見されるときに不許可や禁止のできる規定を設けることは，直ちに違憲とはならないとしつつも，許可権者の公安委員会に広い裁量を認める許可制等の規定に関し，合憲であるとしました。

　その一方で，集会所や市民会館等の集会用の場所での規制は，集会用でない場所での規制よりも厳しく審査されます。たとえば，集会の主催者と主催者に対立する者との衝突による付近一帯の混乱を防止するための市民会館での集会の不許可処分に関し，**泉佐野市民会館事件**（最三小判平成7年3月7日（憲法Ⅰ・81））は，集会の自由の重要性に鑑み，集会の不許可には「明らかな差し迫った危険の発生が具体的に予見されることが必要である」という**明白かつ現在の危険**と呼ばれる極めて厳格な基準で審査しました。ただし，前記の不許可処分は，警察の警備等の他の手段では混乱を防止できないことも踏まえた結果，その基準をみたすことを理由に，憲法21条には違反しないとしました。

5　学問の自由

　憲法23条は**学問の自由**を保障しています。

　大学構内で開催された一般公開の演劇発表会への警察官の立入りが学問の自由を侵害するものではないとされた**東大ポポロ事件**（最大判昭和38年5月22日（憲法Ⅰ・86））では，学問の自由は，①学問研究の自由，②学問研究の結果発表の自由，③教授の自由，④大学の自治を内容とするものとされました。また，この際には，主に，①から③は大学における教員や研究者に，④は大学に保障されるものとされました。そのうえで，大学の学生も一般の国民以上には特別な学問の自由を有するものとされましたが，その範囲は，あくまでも，学問の自由が教員，研究者や大学に保障されることの反射的な効果を受ける限りであるとされました。

Ⅳ　重要判例紹介

① マクリーン事件（最大判昭和 53 年 10 月 4 日（憲法Ⅰ・1）
　　外国人の人権は在留制度の枠内で保障されるにすぎないため，在留中の政治活動を理由とした在留期間更新の不許可処分は憲法に反しないとされた事例。

② 外国人地方参政権訴訟（最三小判平成 7 年 2 月 28 日（憲法Ⅰ・3））
　　選挙権は，憲法上は外国人に保障されないが，地方選挙に限り，選挙権を定住外国人に与える法律を制定することも憲法上認められるとされた事例。

③ 八幡製鉄事件（最大判昭和 45 年 6 月 24 日（憲法Ⅰ・8））
　　会社による政党への政治献金の寄附は，会社の有する政治的行為をなす自由の一環として憲法上認められるとされた事例。

④ 堀越事件（最二小判平成 24 年 12 月 7 日（憲法Ⅰ・13））
　　非管理職的地位にある公務員が職務時間外に政党機関誌を配布したことが，人事院規則において禁止されている政治的行為ではないとされた事例。

⑤ よど号ハイジャック記事抹消事件（最大判昭和 58 年 6 月 22 日（憲法Ⅰ・14））
　　刑事施設収容者の文書や図画の閲読を制限する旧監獄法等の規定が，刑事施設の秩序維持等を理由に憲法に反しないとされた事例。

⑥ 三菱樹脂事件（最大判昭和 48 年 12 月 12 日（憲法Ⅰ・9））
　　思想を理由とした会社による労働者の本採用拒否に関し，私人間の法律関係について定める私法上の規定の解釈の際に憲法の規定が考慮されることにより，憲法の規定が間接的に適用された事例。

⑦ 宴のあと事件（東京地判昭和 39 年 9 月 28 日（憲法Ⅰ・60））
　　特定の人物をモデルとした小説の合法性が問題となる中で，プライバシー権が「私生活をみだりに公開されない」権利として初めて法的に認められた事例。

⑧ 再婚禁止期間判決（最大判平成 27 年 12 月 16 日（憲法Ⅰ・28））
　　民法 772 条において女性の再婚禁止期間として定められていた離婚後 6 ヶ月間のうち，100 日を超える期間が憲法 14 条に違反するとされた事例。

⑨ 謝罪広告事件（最大判昭和 31 年 7 月 4 日（憲法Ⅰ・33））
　　虚偽の事実を報じた新聞紙に対する謝罪広告の掲載の強制執行は思想・良心の自由の問題ではないとされた事例。

⑩　君が代起立斉唱事件（最二小判平成23年5月30日（憲法Ⅰ・37））

　　卒業式等で国歌起立斉唱を求める職務命令は，思想及び良心の自由の間接的な制約となる面があるとされるも，式典の円滑な進行や職務の公共性等の点で必要性と合理性の認められることから，憲法19条に違反しないとされた事例。

⑪　日曜参観事件（東京地判昭和61年3月20日（憲法Ⅰ・A6））

　　キリスト教徒の生徒が，日曜日に教会学校に通うことを理由に，授業参観の開催される日曜日の授業に出席する義務を免除されないとされた事例。

⑫　剣道実技履修拒否事件（最二小判平成8年3月8日（憲法Ⅰ・41））

　　信仰を理由に剣道の授業の履修を拒否したためになされた留年・退学処分は，代替手段が可能であったこと等を理由に認められないとされた事例。

⑬　加持祈禱事件（最大判昭和38年5月15日（憲法Ⅰ・38））

　　精神障害を治療するための加持祈祷の際に精神障害者の首に線香を押し付けショック死させた行為につき，「信教の自由の保障の限界を逸脱した」ものであるため，刑法205条の傷害致死罪が適用された事例。

⑭　牧会活動事件（神戸簡裁昭和50年2月20日（憲法Ⅰ・40））

　　牧会活動として犯人を匿った行為につき，信教の自由で保障されるとされ，牧師の正当な業務行為として，刑法35条の正当業務行為が適用された事例。

⑮　津市地鎮祭事件（最大判昭和52年7月13日（憲法Ⅰ・42））

　　市が神道に基づく地鎮祭を主催し，その開催費用を支出したことにつき，地鎮祭は世俗的な社会的儀礼であることから，宗教的な目的も効果も認められないため，政教分離原則には違反しないとされた事例。

⑯　愛媛県玉串料事件（最大判平成9年4月2日（憲法Ⅰ・44））

　　県が靖国神社等の祭事に玉串料等を支出したことにつき，世俗的な社会的儀礼ではないため，宗教的意義を有する目的，および，特定の宗教を援助，助長，促進する効果が認められることから，政教分離原則に違反するとされた事例。

⑰　チャタレイ事件（最大判昭和32年3月13日（憲法Ⅰ・51））

　　当時の刑法175条のわいせつ物頒布販売罪の対象の表現である「わいせつ」を，①性欲を刺激し，②普通の人の正常な性的差恥心を害し，③善良な性的道義観念に反するものと定義したうえで，同条は憲法に反しないとされた事例。

⑱　戸別訪問禁止事件（最二小判昭和56年6月15日（憲法Ⅱ・158解説））

　　有権者宅の軒先に訪問し特定の候補者への投票を呼びかける戸別訪問による選挙運動の禁止が，合理的関連性の基準によって合憲であるとされた事例。

⑲　新潟県公安条例事件（最大判昭和 29 年 11 月 24 日（憲法Ⅰ・82））
　　道路や公園等での集会につき，許可権者の公安委員会に広い裁量を認める許
可制等の規定に関し，合憲であるとされた事例。

⑳　泉佐野市民会館事件（最三小判平成 7 年 3 月 7 日（憲法Ⅰ・81））
　　集会の主催者と主催者に対立する者との衝突による付近一帯の混乱を防止す
るための市民会館での集会の不許可処分が，明白かつ現在の危険に基づき審査
された結果として，憲法 21 条には違反しないとされた事例。

㉑　東大ポポロ事件（最大判昭和 38 年 5 月 22 日（憲法Ⅰ・86））
　　大学構内で開催された一般公開の演劇発表会への警察官の立入りが学問の自
由を侵害するものではないとされた事例。

コラム 6 「AI 技術のもたらす人権保障への影響」

　AI 技術は，近年の多くの学問の例に漏れず，憲法学における人権保障をめぐる議論にも大きな影響を与えています。

　その代表例が，プライバシー権に関する議論です。本文における解説のとおり，情報社会の発展に伴い，プライバシー権は，自己に関する個人情報につき，自ら閲覧，訂正や抹消等を求めることを保障する自己情報コントロール権を内容のひとつとする権利であるとされることとなりました。しかし，AI 技術の台頭により，比較的センシティブでない情報についても，これを AI でプロファイリングすることで，そこから全く関係のない非常にセンシティブな個人情報を本人の知らないうちに得られてしまう危険が生じてきています。

　たとえば，アメリカでは，妊娠の有無や出産時期といった非常にセンシティブな情報が，妊娠や出産とは関係のないサプリメント等の購買履歴のプロファイリングから導かれていたという事件がありました。日本では，就職情報サイトの閲覧履歴等をプロファイリングすることで，学生の内定辞退率が予測され，サイト登録企業に提供されていたという出来事もありました（ただし，この内定辞退率の情報は，サイトの運営者においては ID と紐づいたものでしかなかったものの，提供先の登録企業で ID を介し氏名や住所と結びつくことではじめて，個人を特定できるようになるものです。当時の個人情報保護法は，このような提供先ではじめて個人を特定できる情報を規制していませんでした。そこで，2020 年の同法改正で，こうした情報も規制の対象となりました）。

　こうした事態に対処するため，EU で 2016 年に制定され，2018 年から施行されている「一般データ保護規則」（GDPR）は，プロファイリングに対し異議を唱える権利（21 条）や，プロファイリングをはじめとした自動化された処理のみに基づき重要な決定を下されない権利（22 条）を保障しています。

　このように，どのように AI によるプロファイリングからプライバシー権を保障するかが，重大な課題となっているのです。

　その他にも，AI 技術は，特にインターネット上の選挙運動の自由にも大きな影響を与えています。本文でも解説しましたが，2013 年の公職選挙法の改正以降は，ウェブサイト等を利用したインターネット上の選挙運動が認められています。しかし，その後，2016 年のアメリカ大統領選挙では，SNS 上の投稿等をプロファイリングし，政治的な思想や価値観等に関する情報を獲得したうえで，その結果を活用した政治広告を配信することにより，有権者の意思を特定の政党や候補者の支持や不支持に操作していた疑惑が大きな問題となりました。これを主な契機として，多くのウェブサイトでは，政治的な広告の配信を規制する規約等が設けられることとなりました。こうして，インターネット上の選挙運動の自由に対する規制のあり方が，改めて問題となっているのです。

第４章
憲法（人権２）

　前章では，憲法が個人に保障することを目的としている「人権とは何か」ということを明らかにしたうえで，各種人権のうち，「幸福追求権と平等権」，および，「精神的自由権」について詳しく扱いました。本章では，憲法が保障している他の種類の人権として，「経済的自由権」（Ⅰ），「人身の自由」（Ⅱ），「社会権」（Ⅲ），「国務請求権」（Ⅳ），および，「参政権」（Ⅴ）について具体的に解説します。

Ⅰ　経済的自由権

1　職業選択の自由

　憲法22条は，**職業選択の自由**として，選択した職業に就く**職業の選択の自由**，および，選択した職業を遂行する**職業の遂行の自由**を保障しています。

　多くの人々が，特定の職業に就き，その職業を遂行することを夢見ており，また，実際にも，人生の長い時間を職業活動に費やし，その職業活動に生き甲斐を見いだしています。そのため，職業選択の自由は，大きな自己実現の価値（第３章Ⅰ２⑵）を有するものとされています。

　とはいえ，職業選択の自由は，公共の福祉（第３章Ⅰ２⑴）に大きく関わるものであることから，強力な規制を受けています。たとえば，医師法では，不適切な医療行為による健康や生命の被害を防止するために，医療行為のできる医師となることには医師免許の取得が義務づけられています。また，独占禁止法は，巨大な経済力を有する大手事業者が，赤字販売をはじめ不当に安い値段で商品やサービスを販売することで，経済力の乏しい中小事業者が排除されてしまい，ひいては適正な競争が阻害されてしまうことを防止するために，そうした販売を不当廉売として禁止しています。

　職業選択の自由の規制の合憲性に関しては，二重の基準論（第３章Ⅰ２⑵）

に基づき，基本的に精神的自由権（第3章Ⅰ1(1)）の規制よりも緩やかに審査されます。また，以下のとおり，2つの規制目的に応じ異なる審査基準を用いる**規制目的二分論**が確立しています。

　すなわち，前記の医師法上の規制のような，健康や生命の保護等の消極国家（第3章Ⅰ1(1)）に求められる必要最小限度の役割に基づく目的の規制を**消極目的規制**といいます。その合憲性は，裁判所が必要最小限度の規制かを判断する能力を有しており，こうした判断が裁判所に期待されているため，比較的厳しく審査されます。

　たとえば，局地的な薬局の偏在（へんざい）が過当競争を招き，医薬品の品質低下による健康や生命の被害が生じることの防止を目的とした薬事法（やくじほう）上の薬局距離制限等の規制に関し，**薬局距離制限違憲判決**（最大判昭和50年4月30日（憲法Ⅰ・92））は，消極目的規制であるとしたうえで，厳格な合理性の基準（第3章Ⅰ2(2)）に基づき，前記の目的に対しては，医薬品の品質や販売自体の規制という手段で十分である以上，距離制限という手段は前記の目的と実質的に関連するものではないことを理由に，違憲であるとしました。

　その一方で，前記の独占禁止法上の規制のような，社会的経済的な弱者を保護することで，格差を是正し，公正かつ健全な社会や経済を実現するという積極国家（第3章Ⅰ1(2)）に求められる役割に基づく目的の規制を**積極目的規制**といいます。その合憲性は，格差を是正する手段や程度に関しては，裁判所ではなく，国会や内閣といった政治的な機関が国民の意思や社会的経済的な知見を踏まえ判断することの期待されているものであるため，比較的緩やかに審査されます。

　この点につき，既存の中小商店の保護等を目的として，多くの小売店の集積する商業施設である小売市場（こうりしじょう）の開設にあたり小売市場間の距離制限等を設けていた規制に関し，**小売市場事件**（最大判昭和47年11月22日（憲法Ⅰ・91））は，積極目的規制であるとしたうえで，合理性の基準（明白性の原則）（第3章Ⅰ2(2)）に基づき，前記の規制の目的には一応の合理性を認めることができないわけではなく，また，前記の規制の手段も著しく（いちじるしく）不合理であることが明白であるとまでは認められないことを理由に，合憲であるとしました。

2　居住移転の自由

憲法22条は，職業選択の自由に加え，**居住移転の自由**を保障しています。

居住は住所を決めること，移転は，旅行等，一定期間の滞在の伴う移動です。通勤圏内に住めないと，出張等ができないと，職業の選択や遂行はできませんから，経済的自由の一環として職業選択の自由と同じ憲法22条に定められています。しかし，表現活動等に必要な場合もあり，また，身体を拘束されないという側面も有しますから，精神的自由や人身の自由にも関係します。

❸　財　産　権

　憲法29条は財産権を保障しています。この財産権につき，**森林法違憲判決**（最大判昭和62年4月22日（憲法Ⅰ・96））は，①**私有財産制度**，および，②**国民の個々の財産権**を保障するものとしました。そのうえで，森林の細分化による荒廃の防止のために，森林を複数人で共有する者に対し，共有する森林を分割し，単独所有とすることを他の共有者に請求する権利である共有物分割請求権を制限していた森林法の規定が，憲法29条に反し違憲であるとしました。

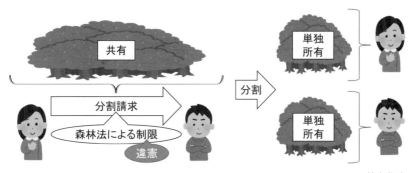

筆者作成

　ただし，財産権は，他の自由権とは異なり，どのような場合に誰がどのような権利を有するかに関し決定する制度やルールを前提として成立するものです。
　たとえば，土地や建物等といった不動産については，価値の高い財産である一方で，一見しただけでは誰がどのような財産権を有しているのか明らかでないことも多いものです。たとえば，『ドラえもん』の野比のび太の自宅は，持ち家ではなく借家です。そのため，のび太の家族は，自宅について，これを使用，収益，処分できる財産権である所有権を有してはいません。しかし，このことを，のび太の自宅を見ただけで知るのは困難です。そこで，日本をはじめ

多くの国では，不動産に関し，所有権等の様々な財産権の登記により，財産権者を広く一般に公開する制度が設けられています。こうした国々では，契約上は財産権が移転したにもかかわらず，その移転が登記されなかった場合等には，契約上の財産権者と登記上の財産権者が異なることになります。このときに誰が財産権者なのかが問題となりますが，この点につき，日本をはじめ前者を財産権者とするルールを定めている国もある一方で，後者を財産権者とするルールを定めている国もあります。不動産の財産権は，以上のような制度やルールがあることで初めて成立することになるのです。

こうした制度やルールにつき，憲法29条では，公共の福祉に適合するように法律で定めることとされています。そのため，同条を受け，民法をはじめとした様々な法律において，そうした制度やルールが定められているのです。

また，財産については，たとえば，道路，鉄道，空港やダム等の建設予定地を入手するために土地の財産権を財産権者から強制的に取り上げなければならない場合等のように，公共のために利用されることの必要な場合があります。そこで，憲法29条は，私有財産につき，正当な補償の下に公共のために用いることができると定めています。その正当な補償のことを**損失補償**といい，これと引き換えに財産を公共のために用いることを**公用収用**といいます。

公用収用については，①公共のため，および，②損失補償という憲法29条における要件に加え，財産権に対する強力な制約であるという点に鑑み，③法律上の根拠も求められるものと考えられています。

損失補償は，社会全体の利益のために特定の個人に特別の犠牲を強いるという構図を前提として，その犠牲としての損失につき，利益を受ける社会全体で補償するものです。したがって，損失補償が必要な場合は，特定の個人に特別の犠牲を強いる場合に限られます。そのため，たとえば，良好な景観の保持のために一般的になされる建物の高さや外観の制限をはじめ，特定の個人に対するものでない財産権の制約については，損失補償の対象とはなりません。

Ⅱ　人身の自由

1　奴隷的拘束からの自由・意に反する苦役からの自由

憲法18条は，**奴隷的拘束**と**意に反する苦役**を禁止しています。前者は，人格を否定した状態での拘束であり，絶対に禁止です。後者は刑罰以外が禁止で

す。前者の例としてタコ部屋労働，後者の例として徴兵制があります。同条は私人間にも直接に適用されます。

② 刑罰からの自由

　憲法31条は，刑罰が法律の定める手続に基づくべきとすることにより，刑罰から人身の自由を保障しています。しかし，たとえ法律の定める手続であっても，不意打ち等の不適正な手続だと，結局は人身の自由の侵害をしますから，事前に告知したうえで聴聞の機会を与える等，手続が適正であるべきとする**適正手続**を保障するものでもあります。さらに，たとえ法律の定める適正な手続であっても，犯罪と刑罰が法律で定められていないと，両者が適正な内容でないと，または，法律の規定が明確でないと，人身の自由を侵害しますから，両者を法律で定めるべきとする**罪刑法定主義**，両者を均衡させるべきとする**罪刑均衡の原則**，及び，法律の規定が明確であるべきとする**明確性の原則**も求めています。以上に基づき，憲法32条以下では，刑事手続に関する詳細な規定が設けられています。また，**成田新法事件**（最大判平成4年7月1日（Ⅱ・109））は，憲法31条以下の規定が行政手続にも適用される可能性を認めました。

Ⅲ 社 会 権

① 生 存 権

　憲法25条は「健康で文化的な最低限度の生活を営む権利」として**生存権**を保障しています。この権利は社会権であるため，国家に対し，こうした生活を営むことを保障するための積極的な介入を求めるものです。とはいえ，「健康で文化的な最低限度の生活」とは，いったいどのような生活なのでしょうか。また，国家は，これを保障するために，どのような介入をすれば良いのでしょうか。金銭を給付すれば良いのでしょうか，物品を支給すれば良いのでしょうか，サービスを提供すれば良いのでしょうか。さらには，これらをどの程度すれば良いのでしょうか。その極めて抽象的な文言では，一切明らかとはなりません。

　そのため，特に裁判では，生存権がどのような形で国家の積極的な介入を求める性質を有するものなのかが問題となります。

　この点につき，そもそも，生存権は，あくまでも政治的な目標や指針に過ぎないため，裁判において国家の介入を求めるような法的な権利では一切ないと

する**プログラム規定説**があります。しかし，このように法的な権利であること
を否定することに対しては，憲法25条が「権利」という文言を使用し生存権
を定めている意義が失われてしまうことになるとの強い批判がなされています。

したがって，生存権は法的な権利であるとされています。とはいえ，やはり，
憲法25条の文言の抽象性に鑑みると，生存権を具体的な権利であるとしたう
えで，裁判で，同条の生存権のみを根拠とし，国家に対し，同条所定の最低限
度の生活を保障するための行政措置や立法措置を求めることができるとする**具
体的権利説**にも無理があるとされています。

また，そもそも，現在の日本では，法令により，既に相当程度の基本的な社
会保障法制が整備されている以上，裁判で憲法25条の生存権のみを直接の根
拠とせざるをえない事態を想定することは困難です。

したがって，生存権を抽象的な権利であるとしたうえで，裁判では，その抽
象的な権利である生存権を具体化する法令の存在を前提に，その法令が著しく
合理性を欠く場合に憲法25条の生存権侵害が問題となるとする**抽象的権利説**
が妥当なものとされています。この抽象的権利説に基づき，**堀木訴訟**（最大判
昭和57年7月7日（憲法Ⅱ・132））は，障害福祉年金（現在の障害基礎年金）等
の公的年金と児童扶養手当の併給禁止規定が憲法25条には違反しないとしま
した。なお，法改正により，児童扶養手当の併給が実現しつつあります。2014
年以降は，障害基礎年金等の公的年金の金額を上回る分の児童扶養手当が併給
され，2021年以降は，障害基礎年金等の一部の障害年金の金額のうち，子ど
もがいる場合の加算分の金額を上回る分の児童扶養手当が併給されています。

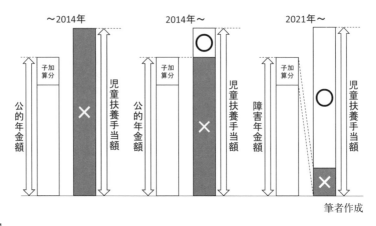

筆者作成

2　教育を受ける権利

憲法26条は**教育を受ける権利**を保障しています。この権利は，自立した人生を歩む個人となるために，さらには，自由で民主的な社会の一員となるために，必要な学習をする権利である**学習権**を中心としたものとされています。

なお，教育を受ける権利や学習権という言葉から，小学生から大学生までの若者の権利であるとイメージするかもしれませんが，あくまでも，同条は教育を受ける権利を「すべて国民」の権利であると定めているため，それらの権利は大人も含めた全ての者に保障される権利であるとされています。したがって，近年では特に働き方改革や一億総活躍社会等の文脈で論じられることの多い社会人の学び直しを支援するリカレント教育についても，そうした教育を受ける権利や学習権を根拠とし，これらを保障するものと考えることもできます。

また，保護者の中には，子どもの教育について自由に判断したいと考える人々もいます。こうした考え自体は，思想・良心の自由（第3章Ⅲ1）や，特に宗教による場合には信教の自由（第3章Ⅲ2）により，保障されるものです。とはいえ，こうした考えにより，子どもの教育を受ける権利や学習権が十分に保障されなくなる危険性もあります。そこで，憲法26条は，保護者に対し，通常の学校での普通教育である**義務教育**を子どもに受けさせることを義務付け，さらに，保護者の負担を減らすために，義務教育を無償とするとしています。

また，教育を受ける権利は社会権のひとつです。そのため，国家には，これを保障するために，学校や教員，または，これらを通した教育を提供することが求められます。さらには，これらを国家が提供するためには，これらに関する制度である教育制度が必要です。そこで，憲法26条は，こうした教育制度について法律で定めることを求める**教育制度法定主義**を定めています。

ただし，具体的な教育の内容について判断する権限である**教育権**の所在については，具体的な事情に応じた判断のできること等から，保護者（国民），および，その保護者の信託を受けた教師の有するものとする**国民教育権説**と，教育格差をなくす役割を担っていること等から，国の有するものとする**国家教育権説**とが激しく対立する**教育権論争**が展開されていました。この点につき，**旭川学力テスト事件**（最大判昭和51年5月21日（憲法Ⅱ・136））は，両説の間に立ち，親，および，教師，ならびに，国家のそれぞれに一定の教育権を認めました。すなわち，一方では，親の教育権は，主に学校外における教育や学校選択の自由として保障されるものとし，教師の教育権は，子どもの個性に応じた

教育の必要性等から，限られた一定の範囲で肯定するのが相当であるものとしました。他方では，国家の教育権は，広く適切な教育政策を樹立し，実施する者として，子ども自身の利益や，子どもの成長に対する社会公共の利益等のために，必要かつ相当の範囲で認められるものとしました。

③　勤労の権利・労働基本権

(1)　勤労の権利

憲法27条は，労働者が安定した状態において健全な条件や環境の中で働く**勤労の権利**を保障しています。さらに，勤労の権利の保障の実質化のために，勤労条件に関する基準を法律で定める**勤労条件基準の法定**も求めています。

社会では，多くの人々が企業等の使用者の下で働く労働者です。使用者は，自らの利益の追求のために労働者を雇用し，働かせます。その一方で，労働者は，使用者の下で働くことで，金銭を稼ぎ生活を営み，または，夢や目標を追い求め自己実現をします。したがって，もし雇用や労働のルールがなければ，使用者は，必要なときに必要な限りで，多くの人々の中から労働者を自由に選び雇用し，できる限り自らに有利かつ労働者に不利な条件で働かせようとします。その一方で，労働者は，使用者の下で働くことができなければ，生活を営むことも，自己実現をすることもできませんから，使用者の必要に応じ雇用されるという不安定な状態において，劣悪な条件で働かざるを得ません。このように，労働者は使用者に対し非常に弱い立場におかれることになるのです。

このような使用者と労働者の格差は，近代において，産業革命が進展し，資本主義が確立してくると，社会における大きな問題となりました。近年でも，こうした格差はブラック企業に関する事件等において依然として問題視されています。そのため，憲法27条は，労働者に勤労の権利を保障し，勤労条件基準の法定を求めることで，そうした格差を是正しようとしているのです。

国家は，社会権である勤労の権利を保障するために，さまざまな積極的な施策を実施しています。たとえば，雇用保険制度を整備することで，失業の防止や失業時の生活保障等を目指しています。また，求職者の求職を支援するハローワークを設置運営し，さらには，求職者に対し求職に必要な能力について訓練するハロートレーニングを実施しています。他にも，ブラック企業に関連する事件等でも問題となっているパワーハラスメントや長時間労働等の労働に関するトラブルを解決する機関として，労働審判委員会を設けています。

　さらに，憲法27条の勤労条件基準の法定の要請を受け，労働契約，賃金や労働時間等のルールを定める労働基準法等，さまざまな法律を制定しています。

(2)　労働基本権

　憲法28条は，労働者が集団となることで使用者に対し対等な立場で労働条件の改善等を求めるための権利として，**団結権**，**団体交渉権**，および，**団体行動権**からなる**労働基本権**を保障しています。労働基本権は，憲法27条の勤労の権利や勤労条件基準の法定と併せ，労働者と使用者の格差を是正するためのものです。労働基本権を保障する法律として，労働組合法等があります。

　団結権とは，労働者が労働組合において団結するための権利です。労働組合に関する結成，加入，脱退や解散に関する権利が含まれます。

　団体交渉権は，労働者が集団として使用者と比較的対等な関係の下に交渉するための権利です。この権利は，労働組合との団体交渉を正当な理由なく拒否しないことを使用者に義務付けています。また，団体交渉権の一環として，労働組合と使用者が交渉のうえ合意した内容の適用や遵守を労働協約という文書によって相互に義務づける権利である労働協約締結権も保障されています。

　団体行動権は，労働組合が団体交渉における圧力を使用者にかける等の目的で行動するための権利です。このような行動として，労働組合が集団として一斉に仕事を休むストライキ等があります。こうした団体行動は，たとえば，労働契約上の義務に違反する場合には民事責任や，使用者に圧力をかけることが強要罪にあたる場合には刑事責任の問われる可能性があります。そこで，労働組合法は，団体行動権を保障するために，団体行動権の行使としてなされる正当な団体行動について，そうした民事責任や刑事責任の免責を定めています。

　労働組合法は，以上の労働基本権の行使を妨害する使用者の行為を**不当労働行為**として禁止しています。さらに，同法に基づき，こうした不当労働行為の被害を救済するための機関である労働委員会が設けられています。

Ⅳ　国務請求権

1　国家賠償請求権

　憲法17条は，公務員の不法行為による損害の賠償を国家に請求する権利である**国家賠償請求権**を保障しています。この権利を保障する法律として，**国家**

賠償法があります。不法行為をした公務員ではなく国家に対する損害賠償請求権を保障しているのは，一方では，公務員が損害賠償請求を恐れ公務に萎縮することを避けるためであり，他方では，公務員の財産の範囲内での不十分な賠償しかできない事態を防ぐためです。ただし，国家賠償法は，公務員の故意または重過失による不法行為の場合に，国家に対し，賠償した金額を公務員に請求できる権利である**求償権**を保障しています。国家賠償請求権に関する判例として，**郵便法違憲判決**（最大判平成14年9月11日（Ⅱ・128））では，故意または過失によって書留郵便を失くす等した場合の国の賠償責任を免除または制限していた郵便法の規定について，国家賠償請求権の侵害を理由に，故意または重過失の場合の国の賠償責任の免除または制限が違憲であるとされました。当時は国が郵便事業を担っていたため，国家賠償請求権の問題とされたのです。

② 刑事補償請求権

　憲法40条は，刑事手続上の拘束の後に無罪判決を受けた場合において，国家に補償を請求する権利である**刑事補償請求権**を保障しています。刑事手続上の拘束は，刑事訴訟法等の法令に違反する等の事情の認められる場合には，不法行為である違法な拘束として国家賠償請求の対象となります。その一方で，結果的に無罪判決を受けた場合でも，そうした事情のない以上は，あくまで合法な拘束ですから，国家賠償請求の対象とはなりません。とはいえ，本来は必要なかったはずの拘束を受けたわけですから，その拘束による被害を放置することは公平公正ではありません。そこで，その被害の補償を国家に請求する権利が保障されているのです。

③ 裁判を受ける権利

　憲法32条は，裁判所で**裁判を受ける権利**を保障しています。独立した裁判所で公平な裁判を受ける権利であると考えられています。この権利を受け，憲法37条は刑事事件において公平な裁判所の迅速な公開裁判を受ける権利を保障しています。**高田事件**（最大判昭和47年12月20日（憲法Ⅱ・116））は，同条に基づき，15年間中断された刑事裁判について免訴にすべきとしました。その他にも，裁判を受ける権利を保障するために，憲法76条は特別裁判所の禁止と裁判官の独立について，憲法82条は裁判の公開について定めています。

④ 請 願 権

憲法 16 条は，損害の救済，公務員の罷免や法令の制定改廃等を平穏に請願する権利として**請願権**を保障しています。これらを請願する権利である点で，政治に働きかける権利という側面を有するため，参政権の中に含まれることもあります。ただし，選挙権等とは異なり，国籍や年齢の制限はありません。請願法は，請願権に基づき，官公署に対し，適法な請願を受理し誠実に処理することを求めていますが，その請願の内容を実現することまでは求めていません。

Ⅴ 参 政 権

① 選 挙 権

憲法 15 条は，国民が代表者を選出する権利である**選挙権**を保障しています。さらに，同条は，選挙される権利である**被選挙権**についても，選挙権と表裏一体のものとして保障しているものと考えられています。

また，同条は，選挙権を「国民固有の権利である」としています。そのため，憲法上，選挙権の保障される者は，日本国籍の保有者であり，外国人は含まれません。ただし，**外国人地方参政権訴訟**（最三小判平成 7 年 2 月 28 日（憲法Ⅰ・3））は，地方選挙の選挙権を定住外国人にも与える法律を制定することは憲法上禁止されているわけではないとしました。

選挙権は，国民の選出した代表者が中心となり統治するという代表民主政を支える非常に重要な権利です。**在外国民選挙権判決**（最大判平成 17 年 9 月 14 日（憲法Ⅱ・147））は，選挙権の意義につき，「国民の国政への参加の機会を保障する基本的権利として，議会制民主主義の根幹を成すもの」としたうえで，海外に在住する日本国民である在外国民に対し国会議員の選挙区選挙における選挙権の行使を認めていなかったこと等を違憲であるとしました。

② 選 挙 制 度

(1) 選挙制度法定主義

実際に選挙権の行使を可能にするためには，選挙を実施する必要がありますが，選挙を実施するためには，選挙区や投票方法等に関する制度である選挙制度について定める必要があります。憲法 47 条は，こうした選挙制度について法律で定めることを求める**選挙制度法定主義**を規定しています。この規定を受

け，公職選挙法等の様々な法律が，そうした選挙制度について定めています。

(2)　選挙の基本原理

ただし，憲法は，選挙制度に関する法律を制定する際には，**普通選挙**，**平等選挙**，**自由選挙**，**秘密選挙**，**直接選挙**という選挙の基本原理を尊重することを求めています。

普通選挙とは，納税額や資産額等に基づく条件によって選挙権者の範囲を制限する**制限選挙**を否定し，こうした条件にはよらずに選挙権を等しく保障することを求める原理です。とはいえ，実際に選挙権を行使するには，一定の判断能力が求められるため，生まれたばかりの子どもにも選挙権を保障することは現実的ではありません。そこで，憲法15条は「成年者による普通選挙」を保障しています。そのため，この成年者として選挙権の保障される年齢を法律で定めることは憲法上の普通選挙に反しません。たとえば，公職選挙法では，満20歳以上に選挙権が保障されていましたが，2015年の公職選挙法改正により，満18歳以上に引き下げられました。また，公職選挙法は，被選挙権を，衆議院議員選挙，地方議会議員選挙，および，市町村長選挙では満25歳以上に，参議院議員選挙，および，都道府県知事選挙では満30歳以上に保障しています。

平等選挙は，一人ひとりに平等に1票を保障する**一人一票の原則**，および，1議席に対する1票の影響力を平等に保障する**投票価値の平等の原則**を求める原理です。

しかし，地域毎に選挙区を設定し，各選挙区に議席を配分する選挙区選挙では，人口の少ない地方部でも選挙権を保障するために最低1議席を配分する必要のある一方で，総議席数が決まっている以上，人口の多い都市部に対し人口に比例し配分できる議席数には限りがあります。そのため，1議席への1票の影響力について，人口の少ない地方部の方が人口の多い都市部よりも強くなるという**一票の格差**が発生することとなります。

こうした格差については，投票価値の平等の原則に基づき解消する必要がありますが，選挙区選挙を実施する以上は解消しきれないものです。そこで，格差の程度が一定程度以上に拡大した場合に限り，投票価値の平等の原則に反する**違憲状態**になるとされています。たとえば，衆議院議員選挙では，地方部の1票の影響力が都市部の2倍以上のときに違憲状態であるとされています。

また，各地域の人口は死亡や転居等によって日々増減しており，選挙区間の

1票の格差が2倍の例

X選挙区（都市部）　　Y選挙区（地方部）

X選挙区の2票の影響力とY選挙区の1票の影響力が同じ
⇒X選挙区の1票の影響力を1とするとY選挙区の1票の影響力は2

筆者作成

一票の格差の程度も常に変動しています。そのため，違憲状態となる程度の格差の生じる度に，直ちに是正をしないと違憲になるとすることは現実的ではありません。そこで，是正に必要な合理的期間を設け，その期間内に是正されない場合に限り違憲になるとする**合理的期間論**という考え方が確立しています。ただし，違憲だからといって，選挙を無効にすると，その選挙で当選した議員の関与した法律が無効になる等，甚大な損失が発生します。そこで，こうした事態を避けるため，選挙自体は，違憲とされた場合でも有効なものとして扱われます。こうした扱いを求める考え方を**事情判決の法理**といいます。

　自由選挙とは，投票する自由や投票しない自由，または，投票先の自由の保障を求める原理です。

　秘密選挙は，投票の有無や投票先について他人に知られないことを保障する原理です。これらについて，他人に知られてしまう可能性があると，他人の目を気にする結果として自由に判断することができません。2016年のアメリカ大統領選挙においては，事前の世論調査では秘密が十分に保障されていないために他人の目を気にするあまりドナルド・トランプ候補の支持を表明しなかったにもかかわらず，投票の際にはトランプ候補に投票した「隠れトランプ支持者」という多くの人々の存在が指摘されています。このように，秘密選挙は，近年においても自由選挙を実質的に保障するものとして機能しているのです。

第4章　憲法（人権2）

　直接選挙とは，国民が直接に投票し当選者を決定することを求める原理です。日本の国政選挙と地方選挙は直接選挙に基づく選挙です。これに対し，国民が投票し選挙人を選出したうえで，その選挙人が投票し当選者を決定することを求める原理を**間接選挙**といいます。間接選挙に基づく選挙の代表例として，アメリカの大統領選挙を挙げることができます。

⑶　選挙制度の種類

　主な選挙制度の種類として，**小選挙区制**，**比例代表選挙制**，および，**大選挙区制**があります。

　小選挙区制とは，各選挙区に1議席のみを配分する制度です。獲得票数が1位となった多数派の候補者1名のみが当選するため，**多数代表法**ともいいます。獲得票数2位以降の候補者に投じられた少数派の票は，全て**死票**となってしまい，議席に反映されません。また，最多得票者の公認政党が各選挙区で議席を独占するため，多数派の民意が強く反映されますが，実際の民意が正確に反映されなくなります。その一方で，基本的には，本命候補者1名と，対抗の有力候補者1名に票が集中するため，民意の集約を期待することができます。さらに，多数派の民意が強く反映されるため，政治が安定したものとなります。

　比例代表選挙制とは，各政党に対し，獲得票数に比例した議席数を配分する制度です。そのため，**比例代表法**ともいいます。獲得票数に比例し議席を配分するため，死票が少なく，実際の民意が正確に反映されることになります。その一方で，少数派の政党にも票と議席が分散するため，民意の集約を期待することはできません。さらに，少数派の民意も反映されるため，政党の連立や分割等の離合集散（りごうしゅうさん）が繰り返されることにより，政治が不安定なものとなります。

　大選挙区制とは，各選挙区に2議席以上を配分する制度です。配分議席数の範囲で獲得票数2位以下の少数派の候補者も当選するため，**少数代表法**ともいいます。また，小選挙区制より，死票の数が減少し，実際の民意が正確に反映されますが，票が多くの候補者に分散するため，民意が集約されず，政治が不安定なものとなります。その一方で，比例代表選挙制より，死票の生じる余地が大きく，実際の民意が正確に反映されませんが，当選の可能性のある有力な候補者に票が集まるため，民意が集約され，政治が安定したものになります。

　以上のとおり，大選挙区制は，小選挙区制と比例代表制の間に位置づけられる中途半端な制度です。さらには，大選挙区制では，有力政党は1つの選挙区

62

で複数の候補者を公認し，その同時当選を目指します。この場合に同じ政党で争う候補者は，有権者に対し，所属政党の政策や理念ではなく，政党内の所属派閥や，個人の資質をアピールすることになり，有権者も，政党ではなく派閥や個人に着目し投票することになります。したがって，大選挙区制については，民意の媒介者である政党よりも政党内の派閥や個人が力を有することや，政策に関する民意の表明が難しくなること等の弊害も指摘されています。

⑷　現行の選挙制度

　衆議院議員選挙は，4年の任期の満了や衆議院解散の場合等に，全議席を対象に実施されます。小選挙区選挙の議席と比例代表選挙の議席があります。

　比例代表選挙では，政党が予め名簿上の候補者につけた順位に従い，政党に配分される議席が与えられます。政党名の記載された票のみが有効であり，候補者名の記載された票は無効です。こうした方式を**拘束名簿式**といいます。

　また，小選挙区選挙と比例代表選挙の両方に立候補する**重複立候補**が認められています。加えて，小選挙区選挙で落選しても比例代表選挙で当選するという**復活当選**をすることができます。しかし，この復活当選に対しては，小選挙区選挙における有権者の意思を蔑ろにするものであると批判されています。

　参議院議員選挙は，原則として，3年毎に半数の議席を対象に実施されます。選挙区選挙の議席と比例代表選挙の議席があります。

　選挙区選挙では，原則として各都道府県に対し1つの選挙区が設定されます。ただし，2016年の参議院議員選挙からは，一票の格差を是正するために，人口の少ない都道府県については，隣接する2つの都道府県を1つの選挙区とする**合区**も設けられています。この合区については，対象となる都道府県における民意が国政に適切に反映されなくなるとの批判もあります。また，各選挙区には人口に比例する数の議席が配分されます。加えて，3年毎に全ての選挙区で選挙が実施されます。したがって，人口の少ない選挙区においても，最低でも2議席が配分され，3年毎に1議席が選挙されます。この場合は小選挙区選挙です。その一方で，人口の多い選挙区においては，より多くの偶数議席が配分され，3年毎に2議席以上が選挙されます。この場合は大選挙区選挙です。これにより，人口の少ない選挙区の小選挙区選挙では多数派の民意のみが反映され，人口の多い選挙区の大選挙区選挙では少数派の民意も反映されることとなります。そのため，どのような民意を反映するかという方針が不明確である

と批判されています。

　また，３年毎に半数が改選される結果，各選挙区に２議席以上の偶数議席が配分されるため，衆議院議員選挙と比べ，より大きな一票の格差が生じます。そこで，投票価値の平等に反する格差の程度も，より緩やかに判断されます。

　比例代表選挙では，原則として名簿上の候補者に順位はありません。政党名の記載された票に加え，候補者名の記載された票も有効であり，両者の票数の合計に比例し，各政党に議席が配分されます。政党内の順位は候補者自身の名前の記載された票の数で決まります。こうした方式を**非拘束名簿式**といいます。

　ただし，2019 年の参議院議員選挙から，各政党は，自らの名前の記載された票の数に関係なく優先的に当選する候補者を決定できることとなりました。こうした候補者の枠を**特定枠**といいます。この限りで，参議院議員選挙においても拘束名簿式のような方式が一部導入されているということになります。

　この特定枠制度については，合区が設けられることで選挙区選挙では政党からの公認を得られなくなった候補者を，特定枠で救済するために導入されたものとされています。しかしながら，2019 年の参議院議員選挙では，れいわ新選組が，非特定枠で立候補した党首の名前で票を集めた結果として，その党首は落選したものの，特定枠において障がいを有する候補者を当選させることに成功しました。こうした特定枠制度には，どのような民意をどのように国政に反映させようとする制度なのかが明らかではないとの批判がなされています。

　選挙区選挙と比例代表選挙との重複立候補は認められていません。

　なお，地方選挙は，４年の任期の満了等の場合に実施されます。市町村長と都道府県知事の選挙は，地方公共団体の管轄地域全体を１つの小選挙区とするものです。地方議会議員の選挙は，１つ又は複数の選挙区で実施されます。定数２議席以上の選挙区に加え，定数１議席の選挙区が設けられることで，参議院議員選挙と同様に，大選挙区選挙と小選挙区選挙が混在することもあります。

Ⅵ　重要判例紹介

① 薬局距離制限違憲判決（最大判昭和 50 年 4 月 30 日（憲法Ⅰ・92））
　薬事法上の薬局距離制限等の規制に関し，消極目的規制であるとされたうえで，厳格な合理性の基準に基づき，違憲であるとされた事例。

② 小売市場事件（最大判昭和 47 年 11 月 22 日（憲法Ⅰ・91））

　多くの小売店の集積する商業施設である小売市場の開設にあたり小売市場間の距離制限等を設けていた規制に関し，積極目的規制であるとされたうえで，合理性の基準（明白性の原則）に基づき，合憲であるとされた事例。

③ 森林法違憲判決（最大判昭和 62 年 4 月 22 日（憲法Ⅰ・96））

　財産権は①私有財産制度と②国民の個々の財産権を保障するものであるとされたうえで，森林の細分化による荒廃の防止のために，森林を複数人で共有する者に対し，共有する森林の分割請求権を制限していた森林法の規定が憲法 29 条に反し違憲であるとされた事例。

④ 成田新法事件（最大判平成 4 年 7 月 1 日（Ⅱ・109））

　憲法 31 条以下の規定が行政手続にも適用される可能性の認められた事例。

⑤ 堀木訴訟（最大判昭和 57 年 7 月 7 日（憲法Ⅱ・132））

　生存権の法的性質に関し，抽象的権利説に立脚したうえで，障害福祉年金と児童扶養手当の併給禁止規定が憲法 25 条には違反しないとされた事例。

⑥ 旭川学力テスト事件（最大判昭和 51 年 5 月 21 日（憲法Ⅱ・136））

　具体的な教育の内容について判断する権限である教育権が，親，及び，教師，並びに，国家のそれぞれに一定の範囲において認められるとされた事例。

⑦ 郵便法違憲判決（最大判平成 14 年 9 月 11 日（Ⅱ・128））

　故意または過失によって書留郵便を失くす等した場合の国の賠償責任を免除または制限していた郵便法の規定について，国家賠償請求権の侵害を理由に，故意または重過失の場合の国の賠償責任の免除または制限が違憲であるとされた事例。

⑧ 高田事件（最大判昭和 47 年 12 月 20 日（憲法Ⅱ・116））

　刑事事件において迅速な裁判を受ける権利を保障する憲法 37 条に基づき，15 年間中断された刑事裁判について免訴にすべきとされた事例。

⑨ 外国人地方参政権訴訟（最三小判平成 7 年 2 月 28 日（憲法Ⅰ・3 ））

　地方選挙の選挙権を定住外国人にも与える法律を制定することは憲法上禁止されているわけではないとされた事例。

⑩ 在外国民選挙権判決（最大判平成 17 年 9 月 14 日（憲法Ⅱ・147））

　選挙権が「国民の国政への参加の機会を保障する基本的権利として，議会制民主主義の根幹を成すもの」とされたうえで，在外国民に対し国会議員の選挙区選挙での選挙権の行使を認めていなかったこと等が違憲であるとされた事例。

コラム７　「参議院議員の選挙制度について」

　参議院議員の選挙区選挙では，前記のとおり，小選挙区選挙と大選挙区選挙が混在しています。加えて，地方から都市への人口流入により，選挙区間の人口差が拡大し，小選挙区選挙の選挙区が増えてきています。2022 年の参議院議員選挙では，47 都道府県のうち４県が２合区となっている全 45 の選挙区のうち，実に 32 もの選挙区が小選挙区選挙でした。この中には，政令指定都市を有する岡山県選挙区，熊本県選挙区，宮城県選挙区，および，新潟県選挙区も含まれており，前二者では 2001 年の選挙から，後二者では 2016 年の選挙から小選挙区選挙です。

　衆議院議員選挙も参議院議員選挙も，選挙区選挙と比例代表選挙である点で共通しています。また，衆議院の優越が認められているとはいえ，参議院には衆議院の権限と極めて類似した権限が与えられています。そのため，従来から，参議院は衆議院のカーボンコピーであると批判されているのですが，小選挙区選挙の選挙区の増加により，全選挙区が小選挙区選挙である衆議院に一段と近いものになりつつあります。

　また，小選挙区選挙の選挙区の増加により，与党が参議院でも多くの議席を獲得できることになり，その結果として，与党の支持する内閣が強く安定したものになります。さらに，小選挙区選挙の選挙区の増加は，2016 年と 2022 年の参議院議員選挙の結果として与党をはじめとした憲法改正を目指す政党の参議院における議席数の合計が憲法改正に必要な３分の２を上回った要因のひとつとしても考えられています。

　しかし，参議院議員選挙の結果は，法律制定手続等で参議院に強い権限が与えられていることから，内閣の政権運営に大きな影響を及ぼします。したがって，内閣は，頻繁に実施される衆議院の解散による総選挙に加え，３年毎の参議院議員選挙でも支持されることを目指さなければならないため，特に社会保障や財政等の問題に関し，短期的な利益を考慮した決定を強いられるとされています。

　その一方で，日本と同じ議院内閣制のイギリスでは，上院である貴族院の議員は，首相の助言に基づき国王が有識者等から任命する一代貴族を中心とした貴族で構成されています。したがって，日本のような上院議員選挙自体がありません。加えて，2011 年の任期固定法によって首相の有する下院の解散権が制約されています（第２章コラム）。そのため，内閣は，日本よりも，国政選挙の頻度が限られていることから，長期的な利益を考慮した決定ができるとされています。

　イギリスの上院については，日本の参議院と比べ非常に限定的な権限しか有していないとはいえ，立法権の行使に関与する機関であるにも拘わらず民主的ではないとの強い批判もなされています。しかし，上院議員選挙をしないという制度については，たしかに極端な形ではありますが，参議院が衆議院のカーボンコピーの状態を脱するという観点や，内閣による長期的な利益を考慮した決定を可能にするという観点からは，日本でも参考になるかもしれません。

　ただし，日本国憲法は，43 条等で参議院議員の選挙を要請しています。したがって，参議院議員の選挙をしないという制度に改革するためには，憲法改正が求められることにも留意しなければなりません。また，こうした制度への改革に伴い参議院が民主的でない機関となることを受け，その権限をイギリスの上院のように限定するのであれば，参議院の権限について定める憲法の規定も改正する必要があります。このように，選挙権を行使するための前提である選挙制度のあり方，ひいては，統治機構のあり方というのは，日本国憲法を補完する諸法律である憲法付属法の改正だけではなく，必要に応じ日本国憲法の改正まで視野に入れて議論されるべきものなのです。

第5章
民法（総則）

民法は私たちの生活にとって身近な場面を規律している非常に重要な法分野です。しかし日常生活で民法のルールが役に立っているという実感はないでしょう。さらに，民法総則は，そうした民法のルールの中でも共通するルールが集められ，抽象的な規定が置かれており，ますます実感のない法領域かもしれません。しかし民法総則に共通するルールが置かれているということは，ここが理解できるならば，民法全般の理解も進むとも考えられます。例を踏まえながら民法総則をみていきましょう。

I　民法とは，民法の体系とは

　法とは人間の随伴者であるというオーストリアのある法学者の格言があります。そうした性格はとくに民法に特に色濃くでているかもしれません。というのも，民法は，人間が日常生活を行う中で，とくに必要不可欠な出来事や，不可避的な出来事に関して，さまざまなルールが定められているからです。例えば，皆さんがコンビニエンス・ストアで，ご飯やドリンク，お菓子を買う場合，街中を歩いている際に自転車にはねられた場合，好きな人と婚姻をする場合，子供が生まれた場合，不幸にして亡くなりその亡くなった者が財産を有していてその帰属が問題となる場合等々，これらは私たちの日常生活で必然的に起こり得ると考えられる出来事であり，こうした出来事に対して必要な諸ルールを民法が定めています。

　そんな私たちの生活に関係した場面を規律する民法の諸ルールは，ある1つの考え方に従って編まれています。それは，**パンデクテン**というものです（この発想はローマ法に由来する非常に古いものです）。この民法典を順に見ていきますと，総則，物権，債権，親族，相続という形で大きく五編に分けて編纂されています。さらに，「財産に関する法律」と「家族に関する法律」の2つに分

けられます。前者を「**財産法**」，後者を「**家族法**」といいます。ここでは前者に照準を当てて説明をしていきます。

　総則部分に他の四編に共通するルールを集めることにより，少ないルールで多くの事象に対処でき，また抽象化することで，（全てではありませんが）時代の変容にも耐えうると考えられます。このことは，民法典が編纂され公布・施行された 19 世紀後半の社会の状況，がスマートフォンはおろか，PC やインターネットはなく，自動車も少なかったと考えられる時代であり，そこから 120 年近くにわたり，家族法を除く財産法部分は基本的に維持されてきたことからも，証明されているといえましょう（このように書きましたが，民法は改正の時代を迎えており，2020 年に総則，債権総論，債権各論（主に契約法）で大きな改正を行いました。これに続いて，順次，物権法・親族法・相続法が公布・施行されていきます）。現在，担保法の改正作業も進められています。

　こうしたメリットの反面として，共通のルールが法典の冒頭に当たる総則部分に置かれているということは，一覧性に乏しく，市民には必ずしも分かり易いといえるものではありません。こうした法体系であることから，筆者は，民法を理解するためには，まず一通り勉強をし，再度総則を勉強すると，他の領域との関連性が有機的に理解でき，民法全体の理解が深まると考えています。

II　総則の構造

　総則の構造を契約に対応して説明しますと，契約を行うためには，そもそも誰がそれをおこなうことができるのかという**主体の問題**，何がその対象となるのかという**客体の問題**，そして何によって取引が支えられるのかという**変動の問題**がポイントとなってきます。まさに民法総則は，それぞれにつき，重要なルールを置いています。それを順にみていきましょう。

① 権利の主体

（1）　総論（権利能力，意思能力，行為能力）

　契約を行うためには，そのプレイヤーであることが求められます。そのためにはいくつかの能力が必要とされ，民法は次の 3 つの能力を定めています。第 1 に，**権利能力**です。民法 3 条 1 項をみてください。私権を持つことができるのは，人間が出生することによる旨が定められています。私権とは私法上の権

利と理解されますが，条文を卒然と読むと，一体何を定めているのかわかりません。しかし，条文の横に見出しがつけられています。そこに権利能力と書かれていますので，この規定が，自然人が権利能力を取得できること，および，その時点が出生であることを定めていることがわかります。

　この権利能力をもう少しかみ砕くと，私法上の権利を持つことができる能力であり，また契約法での説明からも明らかとなりますが，私法上の義務を負うことができるのも，この能力があるからとなります。つまり，ある物を売ったり買ったりすることを支える契約制度として**売買**という法制度がありますが（民法555条），そこでは，ある物をいくらで買うということについて合意があれば，売買契約が成立し，この場合に，ある物を売る人（売主）は，代金を得る権利を有しますが，反対に物を引き渡す義務を負うことになりますし，ある物を買った人（買主）は，物の引渡しを受ける権利を有しますが，代金を支払う義務を負います。このように買主・売主，それぞれが権利を有し，義務を負うことができるのは，その前提として，それぞれ権利能力を有するからと説明できるのです。まさに民法の主体となるために，この能力が必要であることは，この例からも明らかでしょう。

　また権利能力を有するのは，自然人だけでなく，法人にも認められています（民法34条と民法3条1項を見比べてください）。取引社会における主体は，自然人だけでなく，法人も登場することは皆さんご存知の通りです。ここから，どのような主体に対して，権利能力を認めるかというのは，法的に「人」とするのはどのようなものがふさわしいかという政策判断に委ねられることにも示唆されているといえましょう。科学技術の進展（AI（人工知能）により制御されるロボットを想起してください）あるいは社会的な理解の変化により，たとえば，自然人や法人以外にも，権利能力の付与を認め，法的人格を認めていくということは十分に考えられるところです（上述のAI技術の深化により，AIに法的人格を付与すべきかという問題が議論の遡上として上がってくるものと思われます。しかし，説明の便宜上，自然人を前提に進めていきます）。

　自然人との関係で権利能力をみていくと，権利能力は，歴史的な側面が大きく，まさに人間が，身分や属性に関係なく，オギャーと生まれることでそなわる根源的なものであり，また人間であればあまねく取引社会の主体となることを明らかにしており（奴隷制度とは明らかに異なっていますね！），封建的な社会との区別を示す意味でも，重要なものと考えられます（**権利能力平等の原則**）。

　しかし，権利能力があるだけでは，契約を行うことができないのは，皆さんにもわかると思います。だって，生まれたばかりの子は，たしかに民法3条1項で権利能力を有しますが，たとえば，出生祝いを祖父母からもらっても，たしかにそれはその子のものといえますが，ではそれをつかっておむつやおもちゃを，その子が契約をして買うことは考えづらいですよね。契約を行うためには精神的な成熟が必要とされています。つまり実際に取引を行うという場面を想定すると，契約により得られる利益と生じるコストを，自らの責任で，情報を集め，情報を精査するなどして判断し，最終的に契約をおこなうかどうかを判断することが求められています。この前提となる考え方として**私的自治の原則**があります。この原則は，自らの必要なことに関して，自らの意思をもって決定し，その決定は尊重される反面，決定したことに伴う責任も，その者が負わなければならないというものです。契約が問題となる場面ではこの私的自治の原則が契約という制度に対応して，契約自由の原則が重要なものとなっています。

　いずれにしても，契約を行うかどうか，その決定には大きな責任も伴う以上，権利能力以外の能力が必要とされるのも理解できるところでありましょう。

　そこで民法は，**意思能力**（民法3条の2），さらには**行為能力**（民法4条）をそれぞれ定めています。

　意思能力は，自らの行為により権利や義務が生じることを理解できること，例えば，物を買うためにはお金を支払う必要がある，交通機関を利用するためには料金を払う必要があるということを理解することができることを指しています。これは取引主体ごとに個人の成熟度合いに合わせて考えられますので（条文の文言からも「その法律行為」としており，この能力の具体性が示唆されます），小学校入学前後が1つのメルクマールと考えられましょう（こうした説明は，のちに説明する行為能力の前提と理解する立場といえますが，条文の文言では，「その法律行為」となっていることから，特定の法律行為との関係性を意識して解釈する余地もあると考えられます。このように理解すると，上述の，意思能力を精神的成熟に合わせ，かつ単に行為能力の前提とする理解とは対照的なものといえます。学習が進んでから考えてみましょう）。意思能力を欠く者が行った契約は無効とされます。十分な判断なくおこなったのであるから，その契約の責任を負わせるべきではないというある種の弱者保護といった政策的な考慮が働いています。

　もう1つが，**行為能力**です。民法4条をご覧ください。この規定も卒然と読

むとよくわからないのですが，見出しと合わせて読むことで，18歳で行為能力を有することを定めていることがわかります。行為能力とは，人が単独で契約を行うことができる能力のことを指します。

(2)　制限行為能力制度

18歳を超えると，行為能力者として扱われますから，その者が行った契約に基づく責任は，自身で負わなければなりません。売買を締結したならば，売主は，商品を引き渡し，買主は，代金を払わなければなりません。しかし，われわれの社会では，18歳未満の者はすべての契約においてそれを締結するために必要な十分な判断能力を持っていないと考えられますし，18歳を超えるものすべてが行為能力を備えているわけではなく，精神的な障害や病気により，この能力を十分に発揮することができない人がいることも事実です。そうした人に対して，「自身が行った契約について自らが責任を負え」とすることは，その人にとっても取引社会にとっても望ましいものではないことは容易にわかるところであります。

民法は，こうした行為能力を制限されている人が行った契約について，一定の場合に，その契約の効力を否定する（**取消し**）制度を設けています。これを**制限行為能力制度**といっています。未成年者，成年被後見人，被保佐人，被補助人が行った行為がその対象となります。それぞれの有すると考えられる行為能力に応じて，単独で契約ができる場合，単独でこれを行うことができず取消しが認められる場合がそれぞれ定められています（民法5条以下を参照してください）。当該契約が取消しの対象となる場合には，契約の相手方は，行為能力に制限を受けていることについて，知らず，また知らないことに過失がなかったとしても（民法では，ある事実について知っていることを**悪意**，知らないことを**善意**といい，これに対して特に評価を加えていません），原則として取り消されることになります（民法21条の例外も重要です）。それだけ，民法が制限行為能力者の保護を重視していることがうかがえるでしょう。

その一方で，制限行為能力者は，行為能力がまったくないのではなく，残存能力が認められることから，まったく取引社会から排除してしまうことも妥当性を欠きます。その残された能力を有効活用し，その限りで取引社会のプレイヤーとして参加を認めることも望ましいことと思われます（ノーマライゼーションという考え方に基づくものです）。ですので，制限行為能力者であっても一定の範囲で単独でできる契約があることにも目を向けるべきでしょう（勉強が進

んでから，成年被後見人と被保佐人，被補助人が単独でできる行為は何かを民法の条文で見比べましょう）。

　最後に取消権（とりけしけん）との関係で重要なことを確認しておきたいと思います。未成年者であれば行為能力が制限されていますから，取消権による保護を受けることになります。2022年より20歳から18歳に引き下げられますから，高校3年生から大学2年生に相当する学年の人々は，これまで取消権による保護を受けられていたにもかかわらず，改正により民法による取消しの保護は受けられないことになります。こうした年齢の人たちは，精神的な成熟も社会経験も少なく，場合によってはよからぬ事業者により望ましくない契約を締結させられ，過度の負担を負うことも考えられます。一方で，民法の解釈論（かいしゃくろん）の展開や，その他特別法による救済の拡充とともに，他方で，若年者の消費者教育等の充実により，対処していくことが求められていましょう。

(3)　代　　理
①　総　　論

　ある人が，取引主体になれるといっても，私的自治の原則を盾にその者の契約をすべて自ら行わなければならず，他者が代わって行った場合には，その契約の効力が当人にまったく及ばないとすることも，専門的な知見が必要な契約の重要性に鑑みると妥当性を欠きましょう（例えば，契約の締結に当たり，法律に関して専門的な交渉をおこなうため，あるいは，契約書を作成するため弁護士に依頼する場合を想起してください）。また行為能力が十分でないものも，その者の代わりの者が契約を行う必要がある場合もあります。このように，民法は私的自治（てきじち）の原則（げんそく）を拡張したり，補充したりするために，**代理**（だいり）という制度を置いています。

　代理という制度は，本人以外の者（**代理人**（だいりにん））が，その本人のために契約をし，その効果を本人に帰属させるものです。代理人の行為の効果を帰属させるためには，代理人が本人のためにと示して相手方と契約するだけでは足りず（顕名といいます。民法99条参照），代理人に対して本人が，代理権を授与する必要があります。

②　無権代理と表見代理

　代理人がいくら本人のためということを示して，相手方と契約しても，本人

から代理権が授与されていなければ，本人にその効果が帰属することはありません（民法113条参照）。このように，代理権が授与されていない（自称）代理人が行為を行うことを**無権代理**（行為）といいます。当該行為について，本人が，のちに追認した場合には，有権代理として扱われることになりますし（民法116条参照），また本人が追認をしない間に，相手方のイニシアチブで追認するかの催告をし，これに本人からの確答がなければ追認拒絶とみなされ無権代理として確定することになりますし（民法114条参照），相手方は本人の追認まで無権代理行為を取り消すこともできます（民法115条参照。ただし取消権行使で，無権代理行為がなかったことになりますので，相手方は表見代理による救済および無権代理人への責任追及ができなくなります）。

　さらに，本人が，無権代理行為について何らかの原因を与えており，これを利用して無権代理人が当該行為をした場合には，例外的に本人は，その責任を負うことがあります。この制度を**表見代理**といい，無権代理行為が本人への効果帰属を認めない原則の例外として，相手方の保護を図っています。たとえば，本人が相手方に対して，代理人に代理権を授与した表示を行ったものの，実際には代理権が授与されていなかったり，既に授与された代理権の範囲を逸脱して代理人が相手方と契約をしたり，すでに消滅した代理権の範囲内で，代理人が契約をした場合等について，民法は表見代理の規律を置いています（民法109条，110条，112条参照）。もちろん，これらの事情だけで，相手方が保護されるのではなく，相手方も保護の必要性があるとされることが重要です。それぞれ条文で確認してみましょう。

　また無権代理行為を行った当人である無権代理人も，相手方の選択（履行か損害賠償）に従って，その責任を負うことがあります（民法117条参照。さらなる問題として，無権代理人と本人の関係が，親子関係であり，無権代理行為が行われたのちに，何れかが死亡して相続が起きることがしばしばあり，その場合に，当該無権代理行為がどのように処理されるかは解釈論上重要な問題となります。勉強が進んでから考えてみてください）。

② 権利の客体

民法では権利の客体として，物について定めています（民法85条以下参照）。物は有体物である必要があり，これはさらに動産と不動産に分けられます。いずれにしても，自動車や土地・建物の売買を想起すると，これらが契約の客体

となっていることは明らかです。しかし契約における客体はこれ以外ももちろんあり，金銭債権や無体財産権のような権利（権利は目に見えません！），英会話や資格学校と契約して，授業を受けること（これは役務といいます）も，当然に契約における客体に入ります。また契約を離れても，権利の客体としては様々な諸権利や法益があることも（たとえば，人格権や身分権など），もちろん忘れられるべきではありません。

❸ 権利の変動──意思による変動と時の経過による変動

　民法総則では，権利の変動に関しても大きく分けて2つの制度を置いています。1つが，意思による変動を定めた意思表示の制度であり，2つが，時の経過による変動を定めた時効制度です。それぞれ以下にみていきましょう。

(1) 意思表示
① 総　　論

　民法は，近代市民社会において「取引」を規律するうえで重要な役割を担ってきました。この取引は一般的な用語ですが，民法の世界では，法律行為や契約といった用語を用いて説明されます。法律行為は意思表示を不可欠な構成要素とするものであり，**意思表示**とは，私法上の法的効果の発生を望み，それを表示することを指します。ですので，ある者Aが，ある者Bと契約をしたいと望んだ場合には，その契約を行う意思をもってその表示をし（申込み），相手方もそれを受け入れる（承諾）必要があります（民法522条1項参照）。まさに，契約という法的効果の成立（正確には契約によって生じる権利及び義務）を望んで申込みおよび承諾がなされているため，これらは意思表示に当たります。また契約はこれら意思表示が構成要素となっていることから，A，Bの一連の行為は**法律行為**といえます（法律行為は契約以外にも問題となりますが，以下では説明の便宜上契約を使って，説明を進めたいと思います。もちろん，契約という法制度の詳細は，後述の6章の解説を参照してください）。

　意思表示は次のような構造を持つとして伝統的に説明されています（伝統的ということからも明らかなように，現在の科学的知見を基にすると，必ずしも人間の意思の形成過程には対応しないものとも考えられましょうが，講学上この理解を踏まえなければなりません）。すなわち，**動機**（ある商品甲がほしいなぁ）→**内心的効果意思**（甲をAから購入しよう）→表示意識（甲をAから購入すると表示しよ

うと思う）→**表示行為**（甲に対してＡの購入を表示する）の構造をもつとされています。意思表示は法的効果の発生を目的しますから，その内容を確定する必要があります。その際この構造のどこに着目すべきかが問題となります。意思表示という法概念からも明らかなように，内心的効果意思と表示行為に着目することになります。そうすると，動機は，意思表示においては重要なものとされないものの，動機と内心的効果意思は形成過程において接近していますから，その区別は難問です。1つのアプローチとして，意思表示を受けた相手方は，基本的には，表示されたものは内心的効果意思と対応していると考えますので，逆に表示されたものに対応しないものは，動機と考えて差し支えないことになります。

　いずれにしても，契約における申込みを考えると，この意思の形成過程が障害なく進み，かつ相手方にこれが到達し，申込みの効力が生じ，また相手方も同様に意思の形成過程に障害がなく，これが申込者に到達すれば，承諾の効力が生じますので，とくに問題はありません（民法 97 条 1 項参照。意思表示の効力は相手方の到達を以て発生します。さらに「到達」をどのように解釈するかは勉強が進んでから確認してみてください。表示された意思表示をどのように解釈するかは難問ですが，これも勉強が進んでから考えてみてください）。

　しかし，人間は，さまざまな理由から，この意思の形成過程に障害を持ち込み，内心的効果意思と表示が一致しないということはしばしば生じるところであります。民法は 90 条以下にこうした問題に対応する諸ルールを置いて規律しています。以下順番にみていきましょう。

② **各　　論**
（ⅰ）意思表示の形成過程の不完全さを治癒する規律（民法 93 条－ 96 条）
（a）心　裡　留　保

　人間関係を円滑にするために，ときに冗談をいうことがあるのは皆さんご存知のとおりです。たとえば，資格試験に向けて頑張っている友人や親せきに向けて，あなたが「合格したあかつきには，時計を贈る」と励ましの言葉の意味でいうことがあると思います。ここでの表示は明らかに「時計を贈る」ということは間違いありません。しかし，あなたの内心的効果意思は，この表示はあくまで相手方を励ますものであって，時計を贈るというものではなく，まさに表示と内心的効果意思が一致しておらず，またあなたはこのことを認識してい

ます。こうした意思表示は，**心裡留保**と説明されています。心裡留保による意思表示では，意思の形成過程が不完全であり，表示に対応する効果意思を欠いていますので，当該意思表示は，効力を持たない（無効とされます），と考えられましょう。しかし，相手方からしたら，そのような内心はつゆ知らず，合格したら時計がもらえると信頼することもありましょう。そうした期待を一方的に裏切ることもまた妥当性を欠きます。そこで民法は，原則として，こうした意思表示を受けた相手方が，内心的効果意思を欠く意思表示であることについて，悪意または有過失でなければ，当該意思表示は有効であるとして，両当事者の利害状況を調整しています（民法93条1項本文およびただし書参照）。意思表示を行った者（表意者）は，内心的効果意思を欠く表示行為を行わなければよく，このことを知りながらあえてそうした意思表示を行ったのであれば，それに対応する責任を負うべきと考えられます。また相手方も，こうした不一致にもかかわらず，保護されるべき信頼を有していれば，それに対応する保護を受けるべきと考えられます。これと異なり，相手方が，悪意または善意有過失であれば，相手方を保護する必要はありません（保護すべき信頼がない）ので，当該意思表示は無効となります（無効という効果については③を参照してください）。

(b)　通謀虚偽表示

借金の返済に困った人がおり，このままだと債権者に自らの財産が差押えられてしまうのを避けるために，その人が友人などに，財産を売ったことにして，見かけ上手持ちの財産がないように装われたとしましょう（明らかな執行妨害です）。この場合に，当事者は，表示としてはある財産の売買をしていますが，内心的効果意思はその財産を売買する意思はありません。また心裡留保と異なり，両当事者はこのことについて了解して行っていますので（**通謀虚偽表示**），保護すべき信頼もありません，したがってこうした意思表示を有効とする必要はありませんから，当該意思表示は無効となります（民法94条1項）。

(c)　錯　　誤

ある商品を買おうとして，お店であるいはネット通販で間違って購入してしまうということはしばしばあろうかと思います。内心的効果意思では，Aという本を買おうとしているのに，表示行為ではBという本としてしまうように，言い間違いの場合は，日常的にあるでしょう。このように，内心的効果意思と表示の不一致があり，これが表意者の過失による場合には，**表示の錯誤**といわ

れ，表意者を保護するために，取消しが認められています（民法95条1項柱書，95条1項1号）（取消という効果については③を参照してください）。表意者には過失がありますが避けがたいものであり，相手方がたとえその錯誤に関与していないとしても，表意者保護を優先しています（ただし表意者が表示の錯誤に陥り，これがほんの少しの注意で回避できるものであれば，重過失が認められ，この取消しは制限されます。民法95条3項柱書，同項1号）。

　問題は，誤った動機を形成した場合です。ここでは，ある著書を購入しようと思った者が，その著書を書いたのは，実際にはAであるにもかかわらず，Bと勘違いし，そのまま意思を形成していたとします。そうすると，Bという本を買おうとする内心的効果意思とBという本を買うという表示は対応しており，錯誤はありません。これを伝統的には**動機の錯誤**と呼んできました（しかし改正後は，条文の文言に即して別の呼称が使われると思います）。あくまで動機の形成過程の間違いなので，表意者が責任を負うべきと考えられますが，錯誤の事例のほとんどはこうした錯誤とされ，やはり表意者の保護が必要な場合もあることから，取消が認められることがあります（民法95条1項柱書，95条1項2号）。表示の錯誤とは異なり，民法の現実に基づくと，当該動機が表示されていることが求められています。ここからは，動機の形成過程の間違いは，相手方が認識できないものであり，そこで誤ったリスクは，表意者が負うべきでありますが，これが表示されていればそのリスクについて相手方も理解でき，それを転嫁できる場合があるという考えをうかがい知ることができます（民法95条2項）。

(d) 詐　　欺

　あなたが骨董趣味をもっており，骨董商が，当該骨董品は本物であると説明するので，それを信頼して買ったものの，実際はまったくのまがい物であり，骨董商はそのことを知りながらこれを売りつけた，こんな事件に遭遇したとします。この場合には，あなたの意思表示は，この骨董品を買うということで内心的効果意思も表示も一致しています。ここだけみれば動機の錯誤と同じです。しかし動機の形成過程が骨董商の欺罔行為によりゆがめられており，本来するはずのない意思表示をしてしまっています。その分より要保護性があります。そこで**詐欺**を受けた表意者の保護そして誤った意思表示を治癒するために，取消しが認められています（民法96条1項）。この取消しが認められるためには，欺罔行為により動機の錯誤を惹起させ，それに基づいて誤った意思表示をする

こと，この二点について故意が必要であり，さらに，当該欺罔行為が違法であることが必要です（さらに実際にその通りに表意者が動機の錯誤を惹起し，意思表示をすることが要件として求められます）。本件ではこれが認められるものと考えられましょう。しばしば問題となるのは，上記事例でいくと，骨董商が商品の真贋をとくに言及せずに，しかし値段は本物に相当する価格の場合には，この欺罔行為の違法性の有無が問題となります。この場合には，骨董商に適切な情報を提供する義務を相手方に課すことができれば，違法性は認められやすくなりましょう。しかしいずれにして故意があることについて，詐欺を受けた被害者である表意者が裁判では説明しなければなりません。詐欺については，実際に裁判を通して認められるためにはハードルが高いものといえましょう。

　さらに96条の規律として**強迫**も問題となります。強迫というと，まったく自由意思を奪われて契約を締結させられるようなイメージがありますが，そこまでいくと意思能力が否定され，無効と判断される可能性が大きいでしょう。ここでの強迫は，畏怖を感じる程度でも認められます。

(ii)　意思表示の形成過程の不完全さ及び意思表示の内容を治癒する規律
　　（民法90条）

　適正に契約が締結され，有効なものだ……と思っていたら，その目的や内容があまりにも不公正なものであった，そんな場合でも，契約は有効に成立した以上守らなければならないということになるでしょうか。たとえば，お金を借りる代わりに，その貸主と定期的に性行為をしなければならないというものであれば，借主の性的な自己決定を著しく侵害しています。また愛人となる代わりに贈与をするというのも，贈与契約そのものよりも贈与契約をする目的が婚姻秩序に反しましょう。さらに，金利500パーセントで金銭を貸し付けるという契約も対価的不均衡が著しく借主は過酷な立場におかれます（こうした行為のこと暴利行為と呼んでいます）。こうした契約は，**公序良俗**に反したものとして，無効なものと考えられます（民法90条参照）。この規定は，内容だけではなく締結過程も含めてその判断の対象としていることにも注意を要します。

③　**意思表示の規律の効果——無効・取消**

　心裡留保，通謀虚偽表示はいずれも表示対応する内心的効果意思を欠くため，意思表示が完了していないといえ，その意思表示の効果は生じていない，つまり効力が否定される場合には**無効**と考えられます。これに対して，詐欺は表示

に対応する内心的効果意思があり，意思表示自体は完了しているものの，詐欺行為により意思表示が歪められるために否定する必要性がある一方で，その効力を有効にするか否定するかは表意者に委ねるべきとも考えられ，一応有効としたうえで，**取消し**を認めていると理解できましょう。錯誤について，表示の錯誤は前者，事実の錯誤は後者にそれぞれ該当しており，その効果をどのように規律するかは難しいところですが，2020年改正により取消しに統一されています。

　無効も取消しも，効果がないという点では同じでありますが，**無効は，初めから効果がないとされ，これに対して，取消しは，遡及的に効果がなくなる**（民法121条）とされる点で異なります。また，主張権者にも違いがあり，無効は原則として誰からでも主張できますが，取消しは，条文上明確に示され，かつ限定されています（民法120条参照）。さらに追認についても，無効の法律行為については追認した時から新たな法律行為をしたとして，追認時点から法律行為が有効になりますが（民法119条ただし書），取り消しうる法律行為を追認した場合には，取消権は消滅し，法律行為時点から有効になると考えられ（民法122条参照），このように規律および解釈が異なっています。また無効は，原則としてその主張をするのに制限はありませんが，取消しは，期間制限が設けられています（民法126条参照）。このように無効と取消しは，効果が生じないという点では同じであるものの，根本的な違いからいろいろな点で相違が生じています。

　なお，無効・取消しとなった契約に基づいてなされた給付の帰趨が問題となりますが，この場合には，民法121条の2の各規定に基づいて，**原状回復**が規律されています。たとえば自動車の売買において，売主が買主に自動車を引き渡し，逆に買主が売主に代金を支払ったのちに，当該売買について無効・取消しがなされると，買主は自動車を売主に，売主は代金（相当額）を買主に，それぞれ返還することになります（なお，無償契約（例えば贈与）に関しては，121条の2第2項で受領物の返還に関し，受領時に受領者が無効・取消原因について知らなかった場合には，原状回復義務が縮減される場合が規定されています。なぜ有償契約と無償契約で原状回復の内容・範囲が異なるのか，契約法で有償契約・無償契約を学んだあとに考えてみてください）。

(2)　時　　効

①　総　　論

　権利の変動は，意思だけでなく，時の経過によっても生じます。こうした時の経過に伴い権利を発生させたり消滅させたりする制度のことを**時効**といいます。なぜ時効という制度があるのかというと，次の3つの理由付けにより説明されています。(a)永続した事実状態の尊重，(b)証明の困難さ証拠の散逸から生じる責任からの解放，(c)権利の上に眠る者は保護しないというものです。

　時効制度は歴史的な沿革が異なる種々の制度が，現行規定で「時効」としてひとまとめにされており，1つの理由付けで正当化するのは難しいものであります。したがって個々の規定を説明するうえで適合的な理由付けを組合わせるという理解が適切なものと思われます。

②　各　　論

　時効には大きく分けて2つあり，権利を取得する**取得時効**と，権利を消滅させる**消滅時効**があります。それぞれをみていきましょう

(ⅰ)　取 得 時 効

　ゴミ捨て場に，あなたが探していた欲しい本が，廃棄という紙とともに置かれていたとします。その本をあなたが自分のものとして拾って手元に置いておくことですぐにその本の所有権を取得できるでしょうか。民法は次のように規律しています。民法162条をみてみましょう。1項では平穏かつ公然と占有を続ける場合には，20年で所有権が取得できるとされ，2項では，さらに**善意・無過失**であれば，10年で所有権が取得できるとされます。そうすると，上記例でいえば，あなたがゴミ捨て場で拾った本は，所有権が放棄されていることが明らかですから，2項の規律に服するものと考えられ，10年でその本の所有権を取得できると考えられます。

(ⅱ)　消 滅 時 効

　これに対して，消滅時効はどのようなものでしょうか。民法166条をみてみましょう。同条1項1号は，権利を行使することができることを知った時から5年行使しないと，その権利は消滅するとされ，主観的な起算点に基づいて，権利行使の期間を制限しています。同項2号は，権利を行使することができる時から10年行使しないと，その権利は消滅するとして，客観的な起算点に基づいて権利行使の期間を制限しています。契約に基づいて発生する債権・債務

（くわしくは後述の6章を参照してください）であれば，債権・債務が発生しそれが行使できることは，当事者にすぐわかりますから，原則として民法166条1項1号の問題になると考えられます。

　消滅時効との関係では，債権の消滅が実際の社会では大きな意味を持ちます。そのため債権者はさまざまな手段をもって，自己の債権が消滅時効に掛からないように対処することになります。債権者はこうした対処を行っている場合には，消滅時効を認めることは妥当ではないでしょう。そこで民法は，**完成猶予事由**と**更新事由**を定めて，こうした場合の規律を置いています。たとえば，債権者が訴えを提起した場合には，訴えの提起は完成猶予事由に当たり（民法147条1項1号），その間は時効の期間は経過しません（そのように考えないと，手続きが進んでいる途中で消滅時効が成立しかねず，権利の実現に向けた債権者の行動が無意味となります）。そしてその訴えが認められると，更新事由にあたり（民法147条2項），その時から，新たに当該債権の時効が起算されることになります。このように更新事由とは，そこまで進展していた時効の期間が，いわば0となり，再度時効が起算されることになります。完成猶予事由とは，その事由が継続している間は時効の期間の計算がいったん止まることを指します（そのほかの完成猶予事由及び更新事由は民法のみならず手続法の勉強が進んでから確認してください）。

　(iii)　効果の発生

　時効は，時の経過を理由に権利の変動を認める制度ですが，民法162条や民法166条に定められるように時が経過すれば，当然に時効の効果が発生するわけではありません。民法145条をみてください。当事者が，時効の効果を**援用**して初めて，その効果が発生するとしています。時効の効果を，そのことで利益を受ける者の意思に関係付けています。取得時効でいえば，善意・無過失で事故の所有の意思をもって占有を継続していたけれど，他人の物であることがわかれば，あえて取得時効を援用しないということも考えられますし，消滅時効でいえば，当該債務が消滅時効の要件を充たしても，債務としてなお履行する意思を持っていればそれを尊重すべきといえましょう。ですので，当事者の援用をもってその効果が発生するという規律がなされています（勉強が進んでから，時効の効果を発生させる必要な期間が経過した場合の時効の効果の発生態様について，援用とどのように関係付けられるかを考えてみましょう。さらに援用権を行使できる者についても，民法の他の領域を勉強したうえで，民法145条の

カッコ書き内の正当な利益を有する者やそこに挙げられている者の意味を考えてみましょう）。

　そして時効が援用された場合は，その効果は，起算日に遡って，その効果が発生することになります（民法 144 条）。

Ⅲ　重要判例紹介

---

①　大判昭和 10 年 10 月 5 日（民法Ⅰ・1）
　　権利濫用の禁止について明示的に判断しかつ，この判断枠組みを提示した点で極めて重要な判決といえます。

②　大判昭和 9 年 5 月 1 日（民法Ⅰ・15）
　　いわゆる暴利行為に関して，要件を明らかにした判決です。

③　最三小判平成 28 年 1 月 12 日（民法Ⅰ・24）
　　保証契約において，主たる債務者が反社会的勢力であった場合に，そのリスクを金融機関が負うべきか，保証会社が負うべきかを，錯誤の規定の解釈に反映させて行ったものです。

⑤　最二小判昭和 61 年 3 月 17 日（民法Ⅰ・41）
　　145 条の時効援用の効果について，明示的に判断した判決です。

⑥　最一小平成 11 年 10 月 21 日 1190 頁（民法Ⅰ・42）
　　時効の援用権者について，直接的な利益（2020 年改正では正当な利益）を有する者に限定すべきであるとし，後順位抵当権者はこれに当たらないことを明示した判決です。

コラム 8 「民法の基本原則」

　民法は 1 条に 3 つの**基本原則**を定めています。これら基本原則はその名のとおり，民法全般を貫くものであって，とくに，**信義誠実の原則**（信義則といわれます）と**権利濫用の禁止**は，重要なものです。信義則について，売買契約を例にとると，売主が商品を買主にその商品を引渡すことは重要な債務でありますが，しかしその引渡し以外に何も配慮しなくてよいかというとそうではありません。家具を例にとれば，売主が家具を買主宅に搬入する際には，買主の所有権を侵害しないという義務を負い，これに基づいて壁や扉を傷つけないように配慮すべきと考えられます。その根拠は，明示的な合意がなくとも，信義則に基づいて正当化されることになりましょう。権利濫用の禁止についても，権利者による権利の行使は，適法なものと考えられ認められるべきでありますが，それは何の制限もなく，またつねに認められるものではありません。一見すると正当な権利行使であっても，主観的には別の正当化されない目的をもって，権利行使がなされる場合には，その権利行使は制約されて当然だといえるでしょう（勉強が進んだ方はⅢ重要判例①をぜひみてください）。権利濫用の禁止はまさにこうした考え方に基づいて正当化されるものです。

　これ対し，**公共の福祉による制限**は慎重であるべきと考えられましょう。私法上の個人の権利と公共が対峙される場合に，（安易な）利益衡量によって，私法上の個人の権利は常に公共に服することになりかねないのです。こうした対処は私たちの社会の在り方にとって望ましいものではなく，むしろ権利濫用の禁止や信義則判断の方が個別の事情を汲んで事態適合的な解決の可能性があると考えられますから，公共の福祉による制約は，制約的に解釈されるべきといえるでしょう。

コラム 9 「無効または取り消しうる法律関係に基づいて法律上の利害関係を有する第三者が登場した場合の問題」

　意思表示につき，無効・取消原因がある場合に，その後，当該意思表示を前提に新たに法律上の利害関係を有する第三者が登場したとします。その場合，その第三者の保護はどのように図られるでしょうか。

　たとえばＡ→Ｂから，不動産が譲渡され，さらに，Ｂ→Ｃに同じ不動産が譲渡されたとします。Ａの意思表示が無効のものであれば，Ｂは無権利者であるから，Ｃも権利取得できないでしょう。またＡの意思表示が取り消しうるものであれば，Ｂ－Ｃの契約後にＡが取り消すことで，Ｂはさかのぼって無権利者となることから，無効の場合と同様に，Ｂは無権利者となり，Ｃは権利取得できないでしょう。しかし，Ｃが権利取得に至ったのは，表意者Ａにも落ち度や責められるべき原因があることあがり（**帰責性**），またＣについても保護されるべき理由（**正当な信頼**）が認められることがありましょうから，一律にＣを無権利者からの権利取得者として保護を否定することも妥当性を欠くでしょう。そこで民法は，意思表示の規定について，第三者保護規定を置いており，表意者保護と第三者保護のバランスを図っているといえます（さらに，それぞれの規定の表意者の帰責性と第三者保護の正当性は，規定に対応して内容が異なると考えられますから，勉強が進んでからさらに確認してください。また取消しについては遡及効の問題がありますが，これについてもどのように説明して第三者保護を考えているか，今後，一歩進めて確認してほしいところです。さらに取消後に第三者が登場した場合には，どのように表意者と第三者の法的関係を規律するかは，判例の理解に対して有力な批判がありますから，これも勉強が進んでから考えてみてください）。

第6章
民法（物権法・債権法）

　皆さんは，日頃から，お店で買った服を着る，買った食べ物を食べる，などして暮らしています。そしてそのこと自体については，誰にも文句は言われないでしょう。それは「自分が買って自分の物になったのだから当たり前だ」と思うかもしれませんが，ではなぜそれが当たり前のことなのでしょうか。また，自分で買うとはいっても，どうすれば買ったことになるのでしょうか。よくよく考えてみると，むずかしい問題です。

　この点については，前章で学んだ民法という法律の，「物権」編，「債権」編が大きく関わっています。そこで以下では，その物権や債権とはどのようなもので，そこにはどのようなルールがあるのか，それぞれ概観し，日常生活を支える法律関係を紐解いていきましょう。

I　物 権 法

1　物 権 と は

　「これは自分の物」である，ということを法律に則して表現すれば，皆さんが物の**所有権**という権利を持っているということになります。この所有権とは，後にも述べるように，物を自由に支配できる権利ともいえます。皆さんがそうした権利を洋服や食べ物などといった物に対して有しているからこそ，自分の好きな服を着て大学に行き，自分で買ったお弁当を食べて（消費して）お昼休みを過ごしても，そのこと自体は自由であって，誰にも文句は言われないというわけです。また同じことは，日常の暮らしだけではなく，ビジネスの世界にも当てはまります。人は日頃から物を貸したり，あるいは売って商売をしたりしていますが，それができるのも，やはりその人が物の所有権を持っているからにほかなりません。

　この所有権をはじめとした，人が物に対して有する権利を，**物権**といいます。

そして以上の例のように，自由な衣食住といった日常生活やビジネスは，実は所有権などの物権を起点として，成り立っているのです。民法は市民生活のルールともいわれる法律ですが，その民法の中でも物権関係を規律するルール群は，**物権法**と呼ばれています。

　なお，民法に規定されている物権は，実はいま例に挙げた所有権だけではありません。たとえば，地上権（民法265条以下）や地役権（民法280条以下）などのように，所有するわけではないけれど，人の土地を利用できるという物権も，やはり日常の暮らしや経済を支えています（こうした物権のことを，**用益物権**と呼びます）。さらに，やや特殊な物権として，**占有権**（民法180条以下）という物権も民法に規定されています。これは，何らか正当な権限があるかどうかとは別に，現実に物を所持している状態，すなわち占有そのものを権利として保護したものです。たとえば皆さんが家を借りて住んでいたものの誰かに不法に占拠された場合，皆さんはその家の所有者ではありませんが，家に対する占有権が侵害されたとして，いわゆる占有の訴え（民法197条以下。占有の妨害を除去する占有保持の訴えや奪われた占有物の返還を求める占有回収の訴えなど，占有訴権とも呼ばれます）を提起することができるということです。

2　所有権とは

　では，ある物が皆さんにとって「自分の物」なのだとすると，皆さんはその物に対して，具体的にどのようなことができるのでしょうか。ここでは，物権の中でも代表的ともいえる所有権とはどのような権利か，もう少し見ていきましょう。

　所有権という言葉自体は，日常的にも聞き覚えがあることでしょう。ただこれは厳密に言えば，「法令の制限内において，自由にその所有物の使用，収益及び処分をする権利」ということになります（民法206条）。先に見た例のとおり，物に対してこの権利を持つからこそ，その物をどう使おうが，人に貸したり売ったりしようが，それは人の自由だというわけです。もっとも，条文のとおり，基本的には自由であるとはいっても，実は，社会生活の中でそれが制限される場面もあります。たとえば，都市計画法や建築基準法などといった法律によって，自分の土地でも建てられる建物に制限がかけられることがありえます。また，公共の福祉や権利の濫用（民法1条3項）などとして，その権利の行使が認められないこともある点は，ここで注意しておきましょう。

　この所有権による権利の行使は，基本的には，誰の許可や助けを得る必要も
なく，実現することが可能です（直接性）。さらに，所有権は特定の誰かに対
してではなく物に対する権利ですので，どこの誰との関係でも自分の所有権
を主張することができます（絶対性）。そして，所有権は物の全面的な支配権
ですので，一つの物に複数の所有権は成立しません（排他性。この原則を指して，
一物一権主義とも呼びます）。もっとも，この最後の点については，例外もあり
ます。たとえば，ある物を大学のサークル皆の物にしたい，というように，集
団生活の中では，複数人が物を所有できた方が便利なこともあるでしょう。そ
こで民法は，共有という所有形態も規定しているところです（民法 249 条以下）。
通説によれば，共有とは，1 つの物について各共有者の所有権（これを持分と
も呼びます）が，互いに制約しあって，併存している状態であると説明されま
す。もちろん，共有ということになれば，共有者各人はそれぞれ所有権を持つ
ようなことになりますので，誰か 1 人が，単独所有の場合と同じように，勝手
に共有物を処分することはできません（民法 251 条参照）。

　また，所有権者は，所有権の効果を確実に発揮できるよう，権利行使が妨害
された場合に，その妨害を排除し，支配を回復させることもできるようになり
ます。この効力は，**物権的請求権**と呼ばれます。より具体的には，所有物が
奪われた場合には返還請求権が，奪われないまでも侵害されている場合（たと
えば所有地に他人の物が投棄された場合）には妨害排除請求権が，まだ妨害が発
生していないもののその危険がある場合（たとえば隣地からの土砂流入の危険が
ある場合）には妨害予防請求権が，その物の所有者に発生することになります。
たとえば皆さんが自分の教科書を友達に貸したけれども返してくれないという
場合には，物権的返還請求権を行使し，その教科書の返還を求めることができ
るというわけです。このことは，条文上は明らかにされていませんが，以上の
物権の性質からして当然のこととされています。

物権とは？　　　　　　　　　　　　　　　　　　債権とは？

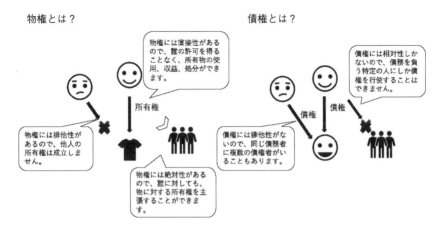

3　所有権の取得

　ところで，皆さんはどうすれば自分の服や食べ物を「それは自分の物だ」ということができるようになるのでしょうか。これは，その物に対する所有権はいったいどのように取得することができるのか，という問題になります。次に，この点も見ていきましょう。

　所有権の取得方法は，実のところさまざまです。例えば，野生動物や釣った魚など所有者のいない動産については，最初に所有の意思をもって占有した人が所有権を取得します（民法239条）。また落し物，つまり遺失物は，一定の手続きを経てその所有者が判明しなかった場合，それを拾得した人が所有権を取得することになります（民法240条）。前章で学んだ取得時効（民法162条）によって取得するというのも，代表的な所有権の取得原因です。

　もっとも，典型的には，「お店で買った」というように，売買や贈与など，契約を通じてそれを取得する場面が想定されるでしょう。たとえば日頃皆さんがお弁当を買うというのも，売買契約によって，それらの物の所有権が皆さんに移転してきたことを意味します。ただここでは，その契約のどの時点で所有権が移転するのか，という点も気になるところです。売買契約とはいっても，実際には，売買の意思表示が合致しただけの状態から，最終的にお金を払い終わるまで，いくつかの段階が考えられるでしょう。この点，民法は，「当事者の意思表示のみによって」，物権は移転するものと規定しています（民法176条）。つまりは当事者間で所有権を移転する旨の意思表示があれば，それだけで新た

な所有者が権利を取得するということです（この考え方を，**意思主義**と呼びます）。
実際にその意思表示がいつなされたといえるかはやはり契約の解釈に委ねられ
ることになりますが，特段の約束がなければ，普通は売買契約自体にその意思
表示が含まれているものと考えられるでしょう。したがって皆さんが服やお弁
当などの売買契約をすれば，基本的には，その契約をした時点で，所有権が買
主である皆さんに移転するということになります。

④　公示の原則

　さて，この所有権の移転という点については，次のような疑問を持たれるか
もしれません。それは，このように意思表示のみによって所有権が移転すると
なると，実際にいまその物の所有権を誰が持っているのか，必ずしも一見した
だけではわからなくなるのではないか，ということです。皆さんがお店で気に
入った服を買ったつもりになっていたのに，急に別の人が現れて，「実はその
服は預かってもらっていただけで，すでに自分が売ってもらっていた。だから
その服は自分の物だ」と言い出したら，どうでしょうか。特に所有権はその物
を自由に使える強力な権利ですので，現在誰がその物の所有権を持っているの
かは，外から見てもわかるようにしておいてほしいところです。

　そこで，民法は，所有権をはじめとする物権の取得を第三者に主張するため
に，一定の方式に従って，外から見ても物権の所在がわかるようにすること，
すなわち**公示**をする必要があるものとしています（このことを**公示の原則**と呼び
ます）。いいかえれば，所有権を取得しても，この公示をしなければ，自分が
所有者になったことを世間的に主張することができないということです（後か
ら「自分こそがその物を買ったのだ」という人が出てきた場合，「いやそれは自分の
だから！」と言い返せないということです）。このことから，その公示の方式は，
対抗要件とも呼ばれています。

　公示の方法は，実は，権利の対象となっている物が不動産（民法86条1項）
であるか動産（民法86条2項）であるかによって異なります。まず不動産の
場合，その公示方法は，**登記**です（民法177条）。登記とは，1つの不動産ごと
に作成されている記録簿に，その権利関係を記録したものです（不動産登記法
という法律によって規定されています）。登記簿は登記所（不動産の所在地を管轄
する法務局もしくは地方法務局，これらの支局またはこれらの出張所）に保管され，
現在では電磁的記録によって管理されるようになっています（オンラインで登

記を申請することも可能になっています）。そして前述のとおり，この登記を備えなければ，不動産の所有権を取得したことを，第三者に対して主張することができなくなってしまいます。たとえば皆さんがAという人から土地を購入したものの登記をしないでいるうちに，Aが第三者であるBという人にもその土地を譲渡してしまい（このように同じ物を二重に譲渡してしまうことを，二重譲渡（にじゅうじょうと）と呼びます），Bに先に登記を備えられてしまったとしましょう。この場合には，先に売買契約をしていたとしても，もはや皆さんはその所有権を主張することができなくなるということになります。皆さんとしては先に登記を備えることができた以上，それをしなかったからには，こうした不利益を受けても仕方がないというわけです（この場合，Aは契約通り皆さんに土地を引き渡さなかったわけですから，皆さんは，後述する債務不履行として，Aに損害賠償を求めることは考えられるでしょう）。

　一方で，動産の公示方法は，**引渡し**（ひきわた）です（民法178条）。ここでいう引渡しとは，実際に物を手渡すような現実の引渡し（民法182条1項）が典型として考えられますが，それに限ったことでもありません。例えば，AがBに貸していたものをそのままBに譲渡する場合のように，譲渡する物がすでに譲受人（ゆずりうけにん）の手元にある場合には，当事者の意思表示があれば，引渡しがあったものとされます。これを簡易の引渡しといいます（民法182条2項）。また，AがBの店で買った物をそのままBに預けておく場合のように，もともと物を占有していた人が以後は譲受人のために占有する意思を表示するという，占有改定（せんゆうかいてい）（民法183条）も，引渡しの方法の1つです。さらに，AがBの倉庫に預けておいた物をそのままでCに譲渡する場合のように，代わりに物を占有してくれている人に以後は譲受人のために占有するよう指示し，その譲受人がこれを承諾した場合も，やはり引渡しがあったことになります。この引渡し方法のことを，指図（さしず）による占有移転といいます（民法184条）。先に挙げた服を買ったという例も，所有権の取得を世間的に主張するためには，こうした引渡しによって公示をしておかなければなりません。

　なお，動産の公示方法が引渡しという簡易な方法であるのは，服や食べ物といったように，動産は不動産に比べて格段に種類が多く，登記のような記録方法がなじまないからです。ただ，記録に馴染む動産であれば，何らかの記録方法によって公示できた方が便利でしょう。そこで，ある特殊な動産については，特別の公示方法が定められています。たとえば，船舶の取得は登記をしたうえ

で船舶国籍証書に記載することで公示され（商法687条），自動車の取得も自動車登録ファイルに登録をすることで公示されることとなっています（道路運送車両法5条）。

5　公信の原則？

　もっとも，こうして動産の公示方法が引渡しであるとはいってみても，やはり公示としては心許ない面も否定できません。実際，所有者として誰かから引渡しを受けて物を持っているというのも，単に人から物を預かっているだけだというのも，外からは同じに見えます。それゆえ，皆さんが所有者だと信じてお店から服を買ったところ，実はお店はその服をすでにAという別の人に売っており，今はそれを預かっているだけでまったくの無権利者であった，というトラブルも容易に想定されるところでしょう。そのAという人が占有改定による引渡しを受けている場合には，Aはすでに服の所有権の取得を公示していることにはなりますが，だからといってそのことを知らずに買ってしまった皆さんが一切保護されないというのでは，安心して動産の取引をすることができなくなってしまいます。

　そこで民法は，その対策として，無権利者と動産の取引行為をしてしまった人も，善意無過失などの一定の要件を満たした場合，その動産の所有権を取得できるものとしています。この制度を**即時取得**（民法192条。善意取得とも呼ばれます）といい，このように公示を信じて取引に入った者を保護する原則を，**公信の原則**といいます。したがって，皆さんが無権利者のお店から服を買ってしまっても，場合によっては，その服の所有権を取得することができるということになります。

　ただ，この公信の原則は，動産の取引についてのみ認められており，不動産の取引については認められていない点には注意が必要です。登記を信じて不動産を購入したものの，実はその売主は無権利者であったという場合，買主は動産の場合と同じようには保護されない，ということです。このように動産の場合と不動産の場合で対応が違うのは，先に見た不動産登記制度に1つの原因があります。すなわち，そもそも日本の不動産登記制度においては，登記官も現実の権利関係を調査するところまでの権限を持ってはおらず，実際のところは事実と合わない登記も少なくないという事情があるのです。そのため，一般的に登記を信じても仕方がないといえる状況にはありません。とはいえ，それで

不動産取引がまったく保護されないというのも不便ではあります。そこで学説や判例においては，前章で取り上げた通謀虚偽表示の規定（民法94条2項）の類推適用によって，外観を信じた人を保護しようという解釈が確立されています（通謀虚偽表示がない場合でも，外観を信じてしまった善意の第三者を保護しようということです）。それゆえ，実際には，不動産取引においても，公信の原則を認めたに近い解決がなされているともいえるでしょう。

Ⅱ　債 権 法

1　債権とは

　それでは次に視点を変えて，服や食べ物を「お店で買った」とはどういうことなのか，という点を，やや詳しく見ていきましょう。ここには，民法の中で**債権法**と呼ばれる分野が深く関係しています。

　債権とは，代金を払え，というように，人が人に対して一定の行為を要求する権利のことです。逆にその代金を支払う義務，というように，人に一定の行為をなす義務のことを**債務**と呼びます。日常的に生じる「自分が買った」というのは，法的に表現すれば売買契約（民法555条）によって自分が所有権を取得したということになりますが，実はその売買契約においては，そうした債権，債務が発生し，消滅しています。たとえば，皆さんがお店でお弁当を買うという場合，お店側はお弁当を渡す代わりにお金を支払うよう要求してくるでしょう。実はこれは，売買契約によって発生する，代金を支払えという債権を行使しているということになります。そして，一方の皆さんはそれに対して代金を支払う債務を負い，それにしたがって実際にお金を払います。こうして，日頃から頻繁に行われる物の売り買いは，債権を持つ債権者がその債権を行使し，債務者がその債務を実行すること，すなわち**履行**（**弁済**，ともいいます）を通じて，成り立っているのです。

　以上の例からもわかるように，日常の暮らしやビジネスにとっては，物権だけではなく，債権もまた，なくてはならない権利ということができます。ただし，この債権は特定の人に対する権利であって，先ほど挙げた物権と同じ性質を持ち合わせているわけではない点は，注意しておきましょう。たとえば，債権は債務者に一定の行為を請求する権利に過ぎませんので，その債務を負っている債務者にしか，主張することはできません（相対性）。当たり前のようで

すが，AがBに代金債権を持っていた場合には，Aは関係のないCにその代金
を支払えと求めることはできないのです。また，債権は，一定の行為を請求す
る権利にすぎませんので，物権に見られた排他性も備わっていません。した
がって，同一の債務者について，両立できない複数の債権が並存することもあ
り得ます。たとえば，Aが一着しかない服をBに売るという契約をしながら，
Cにも売るという契約をしてしまった場合には，結局はどちらかしか服を手に
入れることはできません。それでも契約自体は有効に成立し，B，Cそれぞれ
は，契約したからにはその服を渡せという債権をAに対して主張することがで
きます（もちろん，服が一着しかないのであれば，どちらかにしかその服を渡すこ
とはできませんので，どちらかはきちんと債務を履行してもらえない，すなわち債
務不履行ということになります）。

　なお，債権が人と人との間の権利であるとはいっても，その人を入れ替える
ことはもちろん可能です。すなわち，債権も，人に売るなどして譲渡すること
ができ（民法466条），また，債務は誰か別の人に引き受けてもらうこともでき
るのです（民法470条，472条）。たとえば，4月1日にお金を支払ってもらう，
という債権を持っていた場合，その4月1日にならなければ，債権者は債務者
にお金を請求することはできません。けれども，そのお金を払ってもらう権利
を手早く誰かに売ることができれば，4月1日にならなくても，ある程度お金
を素早く回収することができます。この点で，債権の譲渡などはビジネスにお
いて，非常に重要な地位を占めているのです。

② 売買契約とは

　以上のような債権，債務関係を規律しているルール群が，債権法と呼ばれま
す。では，その債権法には具体的にどのようなルールが設けられているので
しょうか。次に，先に挙げた売買契約とはどのようなものなのかという点に焦
点を当てながら，さらに債権法の世界を見ていくことにしましょう。

　日頃行われている物の売り買いである**売買契約**は，厳密には，民法555条の
とおり，「当事者の一方がある財産権を相手方に移転することを約し，相手方
がこれに対してその代金を支払うことを約することによって，その効力を生ず
る」というものです。ここで「約し」とありますが，これは契約書などを作成
しなければならないということではありません。民法上，契約は「契約の内容
を示してその締結を申し入れる意思表示……に対して相手方が承諾をしたとき

に成立」し（民法522条1項），基本的に「書面の作成その他の方式を具備することを要しない」（同条2項）とされていますので，基本的には，口約束でも申込みと承諾の意思表示が合致すれば，それで売買契約は成立することになります。

　売買契約は契約当事者それぞれが「財産権を相手方に移転すること」と「その代金を支払うこと」を約束するものですので，契約が成立すれば，当事者それぞれにそれに対応した債権，債務が発生することになります。例えば皆さんがお店で服やお弁当を買うという場合，「その代金を支払うこと」を約束してもらったお店は皆さんに対して売買代金を請求する債権を有し，逆にその約束をした皆さんは代金を支払う債務を負います。ただ，一方で，「財産権を相手方に移転すること」を約束したお店は皆さんにその品物を引き渡す債務を負い，皆さんはその品物を引き渡すよう求める債権を有することになります。契約両当事者に債務が発生する契約を**双務契約**といい，契約当事者の債務が互いに経済的な負担を伴っている契約を**有償契約**ともいいますが，売買契約はその典型というわけです。

　この双務契約の両当事者の債務は，対価関係にあるため，別段の取り決めがない場合，同時に履行されるべきものとされています。つまり，相手の債務が履行されないうちは，自分も債務を履行しなくてよい，ということです。したがって，お店が服を渡さないのに皆さんに代金を請求してきても，皆さんは服を渡すまでお金は払わないと主張することができます。その権利を指して，**同**

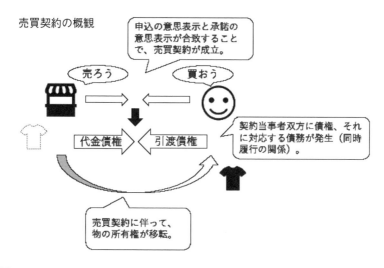

売買契約の概観

申込の意思表示と承諾の意思表示が合致することで、売買契約が成立。

売ろう　買おう

代金債権　引渡債権

契約当事者双方に債権、それに対応する債務が発生（同時履行の関係）。

売買契約に伴って、物の所有権が移転。

時履行の抗弁権ともいいます（民法533条）。

3 　債務不履行が起きたなら

　ところで，この売買契約では，ときに大きなトラブルが起きてしまうことがあります。その1つは，契約当事者の一方が債務を履行しようとしているのに，他方がその債務をきちんと履行しない，といった事態が起こり得るということです。このように，債務者が債務を履行しないことを**債務不履行**と呼び，これには幾つかの典型例があります。たとえば，約束していた時期に頼んでおいた服をお店が用意できなかったというように，債務者が履行期を徒過する**履行遅滞**があります。また，オーダーメイドでお願いしていた服が失火で焼けてしまって渡してもらえなくなったというように，債務者が債務を履行できなくなる**履行不能**もあります。では，このような契約トラブルが発生した場合，皆さんが債権者であるとすれば，どのような対応をとることができるでしょうか。

　この点，民法においては，債権者にいくつか救済手段が用意されています。まずは，裁判所を通じて履行を強制するという方法，すなわち強制執行があります（民法414条。強制の具体的な方法は民事執行法という法律に規定されています）。また，債務不履行によって損害が生じている場合には，債権者はその損害の賠償を求めることもできることとされています（民法415条）。皆さんが友達の結婚式に合わせてお店に特注の服をお願いしていたとしましょう。それなのに，お店がすっかり契約を忘れ，約束した日に服を引き渡してもらえなかったのでレンタルを余儀なくされた，などという場合には，債権者である皆さんはそのレンタル代を債務者であるお店に請求することができるというわけです。さらには，いっそ契約を解除してしまうということもできます（民法541条，542条）。履行の強制は，契約関係が続いていることを前提としていますが（たとえば履行遅滞があった場合，そのままでは，債権者側である皆さんも，代金を支払うという自分の債務を履行していかなければなりません），解除すると契約ははじめからなかったことになり，債務者との関係を解消することができるのです（解除の効果については，民法545条を確認してください）。

　では，買った服が引き渡されたのはいいものの，穴が空いている欠陥品であったとか，約束していた枚数に足りていなかったなどという場合は，その買主である債権者はどのような対応を取ることができるでしょうか。これは一見すれば服を引き渡すという債務が履行されているようではありますが，欠陥品

を渡したり，数が足りなかったというのではやはり契約を守っているとはいえません。このように，引き渡された物が，種類，品質，数量に関して契約内容に適合していない状態を**契約不適合**と呼びます。そしてこの契約不適合があった場合，債権者は債務不履行として損害賠償の請求や契約の解除ができるのはもちろんのこと（民法564条），品物の修理や代替物の引渡しなどによる履行の追完を求めることができ（民法562条），追完がなされない場合には，代金の減額を求めることができます（民法563条）。

④　債権者の受領遅滞

そしてもう１つ，債権者が債務の履行を受け付けない，というトラブルも起こることがあります。たとえば，皆さんが服をお店で買い，指定した日にそれを自宅に届けてもらう約束をしたとします。けれども，皆さんがすっかり約束を忘れてその日に旅行に行ってしまい，お店が服を届けることができなかった場合を考えてみてください。この場合，実際に服を渡せなかったからには，お店は自分の債務を履行したとはいえません。ではお店は，やはり債務不履行の責任を負わなければならないのでしょうか。このように，債務者が債務を履行しようとしたものの，債権者がそれを受領しない，あるいは受領できない事態のことを，**受領遅滞**と呼びます。民法は，この受領遅滞に関しても，いくつかのルールを設けています。せっかくですので，以上の場面をもとに，受領遅滞のルールも確認してみましょう。

まず，債務者が債務の履行に必要な行為を全て完了したこと，すなわち，**弁済の提供**があれば，債権者がそれを受領しなかったとしても，債務者は債務不履行の責任を負わないものとされています（民法492条）。先の例でも，お店がきちんと服を届けようとしたからには，実際に受け取ってもらえなくても，債務不履行とはいわれないということです。したがって，皆さんはお店に対して損害賠償の請求や契約の解除をすることはできません。

もっとも，弁済の提供をしたとしても，債務自体が消滅するわけではありません。ですので，このままでは，債務者であるお店は，皆さんのために服を保管し続けなければならず，余計な費用も負わされることになってしまいます。そこで，受領遅滞があった場合，その保管する義務が軽減されるほか（民法413条1項），余計にかかった費用を債権者に負担させることができるというルールも設けられています（民法413条2項）。

　さらに，この受領遅滞によって，次の重大な効果も発生します。それは，天災など，誰のせいでもない事情によって，履行不能が生じた場合についてのものです。この場合，基本的には，その債権者は自分の負っている債務を履行しなくてよいものとされています（民法536条1項。売買契約の売主に履行不能があれば，買主は代金を支払う必要はないということです）。すでに学んだように，売買契約において，当事者双方の債務は対価関係にあるからです。ところが，弁済の提供があったとき以後，債権者の受領遅滞にある間に同じように履行不能が生じた場合には，それは債権者の責められる事情によって生じた履行不能とみなされることになります（民法413条の2第2項）。結果として，債権者は，なお自分の債務の履行を免れません（民法536条2項）。これは，債務者側がするべきことをした以上，債務者が対価を得られないというのは不適当であるということによっています。たとえば，先ほどのお店が服を持ち帰った翌日，お店が大地震によって倒壊し，服の引渡債務の履行が不能になったとしましょう。そうすると，お店の債務は履行不能になるものの，その債権者である皆さんは，引き続き代金の支払いに応じなければならないということになります。このように，契約において対価を受けられなくなる危険を当事者のどちらが負担するかという問題を，**危険負担**の問題と呼びます。皆さんに受領遅滞があれば，その危険が債権者である皆さん自身に移転することになる，ということです。

⑤　債権の担保

　売買契約の中には，ここまでみてきたような日用品の売買以外に，マンションの部屋の売買や土地の売買など高額な取引もあります。その際，手持ちの現金で一括払いをするというのは大変なので，銀行などから融資を受けることも多いでしょう。このお金を借りて消費し，最終的に返す，というのも契約であり，民法上では消費貸借契約（民法587条）にあたります。

　ただ，ここでも1つ，考えなくてはならない問題があります。それは，お金を貸す側にしても，そう簡単に貸して大丈夫なのか，という点です。皆さんがマンションの部屋を買うために，銀行からお金を借りるという場合を考えてみましょう。消費貸借契約を結ぶと，皆さんは最終的にお金を返す債務を負います。このように契約当事者の一方だけが債務を負う契約を，**片務契約**ともいいます。そして皆さんがその債務の不履行を起こした場合には，貸金返還債権の債権者である銀行は，すでに学んだように，強制執行などによって債権を回収

しようとすることが考えられます。けれども，実はこれもいつもうまくいくとは限らない点には注意が必要なのです。それというのは，強制執行をするにしても，すぐにそれができるわけではありません。基本的には，まず裁判に勝って，判決を確定させてからでないと，強制執行手続きは進められないのです。しかもそのように苦労して手続きを進めてみても，債務者である皆さんに他の債権者がいる場合には，強制執行手続きの中では，その債権者達は平等に扱われることになり，各債権者はその債権額に応じた分しか，代金を回収することはできません（このことを，**債権者平等の原則**といいます）。

　しかしそんなことではお金を貸してもいいと考える人もいなくなり，住まいを買いたい，事業を興したいなど，本当にお金を必要とする人が何もできなくなってしまい，人々の暮らしもままならなくなってしまいかねません。そこで民法は，債権者が確実に，そして迅速に債権を回収できるよう，いわゆる担保制度を設け，債務不履行に対する不安を解消する術を用意しているのです。その民法において規定される担保には，物的担保と人的担保の二種類があります。

　物的担保とは，物の財産的な価値を債権の担保とするものです。物を担保として利用する権利，という点で，**担保物権**とも呼ばれます。担保物権にもいくつか種類がありますが，中でも**抵当権**（民法369条以下）が代表的でしょう。この抵当権は，債務不履行が生じた場合，債務者の手元にある抵当権のついた不動産を競売（いわば，裁判所によるオークションです）にかけ，そこから抵当権者が優先的にお金を回収するというものです。この抵当権を利用すれば，債権者はいちいち裁判で勝訴しなくてもお金を回収することができ（もちろん，競売の手続きはしなければなりません），対象となる不動産から優先的にお金を回収することができるというわけです。

　一方で，人的担保とは，人の資力を債権の担保とするものです。耳にしたことがあるかもしれませんが，お金を借りるにあたって誰かに**保証人**になってもらう，というのは，実はこの例です（民法446条）。誰かに保証人になってもらうには，債権者と保証人となる人との間で保証契約を締結する必要があります（保証人となると多額の債務を負担する羽目になることも少なくないので，保証契約は書面で行うことが必要とされている点には注意が必要です。民法446条2項参照）。この保証契約が締結されると，債務者自身にお金がなくなって返せなくなった場合でも，債権者はお金を持っている保証人に支払ってもらうことができます。なお，保証の中には，**連帯保証**，と呼ばれる形態もあります。通常の保証人は，

あくまで保証人ですので，いきなり債権者に履行を請求されても，まずは本来の債務者に請求するよう，求めることができます（民法452条。また民法453条参照）。ところが連帯保証人となると，まさに連帯して保証という負担を負うことになりますので，そうした言い分をすることができなくなります（民法454条）。その分債権者からすれば債権の回収がしやすくはなりますが，保証人となる人の負担は格段に増すことになるでしょう。連帯保証人となろうとする人は，よりいっそう慎重な判断が必要になるということです。

6　売買契約以外の債権発生原因

ここまで，売買契約や消費貸借契約によって債権が発生することを確認してきました。ただ，実は契約というのはそれらに限ったものではありません。民法の中では**典型契約**と呼ばれる13種類の契約が規定されており，それらはみな社会の至る所で活躍しています。たとえば，読まなくなった本を人にあげる，というのは贈与契約（民法549条以下）にあたります。また，一人暮らしをするために家賃を払って家を借りる，というのは賃貸借契約（民法601条以下）であり，アルバイトをする，就職して働く，とか，仕事を依頼される，など，何らかのサービスの提供に関わるものは，雇用契約（民法623条）や（準）委任契約（民法643条）などにあたります。なお，実社会においてはフランチャイズ・チェーンや，ファイナンス・リースなど，民法に直接規定されていない契約がなされることもあり，それらは**非典型契約**と呼ばれます。民法では**契約自由の原則**がありますので，そうした民法に規定されていない契約をすることも，基本的には当事者の自由だというわけです。

また，債権を発生させるのは，契約だけというわけでもありません。中には，ある事情が発生した場合に債権が生じるという場合もあります。その典型が，**不法行為**による**損害賠償請求権**です。民法709条によれば，「故意又は過失によって他人の権利又は法律上保護される利益を侵害した者は，これによって生じた損害を賠償する責任を負う」ことになっています。それゆえ，皆さんがAという人に怪我をさせられたり，物を壊されたりすれば，皆さんとそのAとの間に契約関係がなくても，皆さんには，Aに対して治療費，修理費などを請求する損害賠償請求権という債権が発生することになるのです。社会は人と人とが関わり合いながら作り上げられているものですので，その人の間で何らかの損害が発生してしまうことは避けられません。この民法709条をはじめとした

損害賠償に関するルールは，そうした損害の分担を通じて，社会を規律しよう
としているのです。なお，条文のとおり，この不法行為による損害賠償請求権
は，基本的に，加害者に「故意又は過失」がある場合しか，発生しません（こ
のことを，**過失責任の原則**といいます）。これは，どんなに気をつけていた場合
でも損害が出れば賠償ということでは社会での活動がしにくくなる，というこ
とを理由としたものです。ただ，中には被害者の救済を強化する必要から，加
害者に故意や過失がなくても損害賠償請求権が発生するとされる場合もありま
す。例えば，原子力事故による損害賠償責任は，「原子炉の運転等の際，当該
原子炉の運転等により原子力損害を与えたとき」に発生するものとされていま
す（原子力損害賠償法3条1項）。

Ⅲ　重要判例紹介

① 最二小判昭和33年6月20日（民法Ⅰ・52）
　　土地と建物の売買契約につき，それらの所有権がいつ移転するかが争われた
事例です。

② 最三小判昭和45年9月22日（民法Ⅰ・21）
　　人の不動産の権利証を無断使用して自己に権利が移転したように見せかけた
ことにつき，民法94条2項の類推適用が認められた事案です。

③ 大判昭和17年9月30日（民Ⅰ・55）
　　本文では売買契約による所有権の移転という場面と取り上げてきましたが，
それ以外のどのような場合に民法177条の登記を必要とするかは，しばしば問
題となります。本件は，前章で学んだ意思表示の取消と登記の必要性につい
て判断した事例です。

④ 最三判平成18年1月17日（民法Ⅰ・60）
　　民法177条にいう「第三者」には，登記が欠けていることをいいことに介入
してくる第三者，すなわち背信的悪意者は含まれないものと解されています。
本件は，時効による所有権の取得との関係につき，この背信的悪意者排除につ
いて判断した事例です。

⑤ 最二判平成23年4月22日（民Ⅱ・4）
　　たとえば金融商品など，複雑な内容の契約を結ぶにあたっては，当事者に説
明義務が課せられることがあります。本件は，その違反が不法行為責任を基礎

付けることを示唆した事例です。

⑥　大判昭和 4 年 3 月 30 日（民法Ⅱ・5）

　　債務不履行は，債務者本人ではなく，その債務者に使用される者，すなわち
履行補助者の過失によって生じる場合もあります。本件は，転貸借された船舶
の船員の過失が問題となった事例です。

⑦　大判大正 5 年 12 月 22 日（民法Ⅱ・83）

　　民法 709 条にいう「過失」とは何かについて判断した事例です。

⑧　最三判平成 28 年 3 月 1 日（民法Ⅱ・93）

　　認知症高齢者のように判断能力を失った人が起こした損害につき，誰が損害
賠償責任を負担するかが問われた事例です。

コラム10 「土地所有者不明問題」

　最近，土地所有者不明問題というものを耳にすることがないでしょうか？たとえば震災からの災害復旧や空家対策をするとしても，所有権は人が誰にも邪魔されず所有物を使う権利ですので，人の所有する土地を勝手に整備したりすることはできません。そこで，誰がその土地の所有者か調べる必要があるのですが，登記を見てもその所有者が誰かがわからない，という問題です。この問題は，実は今回学んだ所有権や登記制度に1つの原因があります。

　こうした問題が生じる1つの原因としては，相続する際に登記をしない例があったことによります。普通は，土地の所有者が死亡して相続人がその土地を相続した場合，新たに所有権を取得することになるので，登記をすることになります。ところが，これまでは登記は義務ではなく，登記をするにしてもお金がかかるため，相続人への登記の移転が上手くなされないことがあるのです。それが何代も続くことで，いざ災害復旧などで土地を整備させてもらおうと思っても，もはや誰が真実の所有者であるのか，分からなくなってしまうというわけです。

　こうした事態は，特に土地に有用性がないような場合に生じます。近年では人口が減少し，地方の地価が下落しています。そうすると，わざわざ手間とお金をかけてまで登記をする価値もないということになるわけです。それなら土地の所有権を捨てればいいではないかと思われるかもしれませんが，ここにもう1つの問題があります。所有権は自由に使用，収益，処分できる権限であるので，放棄をすることも自由であるように思われます。ただ，動産などならばともかく，土地は国土でもありますので，勝手に放棄をされても困るという事情があります。しかも，「所有者のない不動産は，国庫に帰属する」（民法239条2項）ことになりますが，実際に土地を放棄して国のものになるとしても，その要件や手続をどのようにするか，制度が整備されてはいかったのです。

　そこで，こうした土地所有者不明問題を解消するため，2021年には，民法や不動産登記法などの法律が改正されました。そこでは，不動産の共有者が不明の場合の対応や，相続登記の義務化などが実現されています。また，新たに「相続等により取得した土地所有権の国庫への帰属に関する法律」も立法されています。これらは今後施行される見通しとなっており，どのように制度が運用されていくか，注目してみましょう。

第7章
民法（家族法）

　民法は，財産や取引に関する基本的な規律を第2編「物権」と第3編「債権」で定めた後に，第4編「親族」と第5編「相続」で家族の法律関係——婚姻，離婚，親子，扶養，相続など——について規定しています。「家族法」と呼ばれるこれらの規定は，生まれてからこの世を去るまで，私たちの人生に寄り添い，ふだんは目立ちませんが，いざ問題が起きると姿を現します。

　本章では，家族法で学ぶトピックのなかから読者のみなさんにとって身近な（？）問題である「離婚」をとりあげます。

Ⅰ　離婚の成立

1　離婚の種類

　夫婦が婚姻関係を解消することを離婚といいます。かつて欧米でキリスト教の影響により離婚が禁止され，あるいは厳しく制限されていたのとは異なり，日本社会では関係者の話し合いによる離婚がひろく認められてきました（ただし，個人が，とくに女性が自らの意思で離婚することが現実的に可能であったかは別の問題です。）。現行民法も，「夫婦は，その協議で，離婚をすることができる」（民法763条）と定め，夫婦間に合意が成立すれば理由や原因をとわず離婚を認めるとしています。これを協議離婚といいます。私たちにとってなじみのあるものであり，実際，離婚の9割弱は**協議離婚**です。

　もし夫婦が対等な力関係にあり，理性的な話し合いができるのであれば，協議離婚は望ましい制度といえるでしょう。夫婦のどちらも望んでいない不幸な婚姻関係の継続を国家が強制するべきではないからです。しかし，現実の夫婦の間にはさまざまな格差が存在し，適正な協議が期待できないことがあります。精神的・経済的・社会的に強い立場にある配偶者（これまでは夫であることが多

かったですが妻の場合もあるでしょう）が相手方配偶者に対して離婚を迫り，相手の窮状に乗じて一方的に有利な条件を押しつけたり，あるいは，離婚を急ぐあまり離婚後の生活や子の養育について十分に話し合いがなされないまま離婚届だけが出されることもあります。現在の協議離婚制度にはこういったケースについて公的機関がチェックするしくみが欠けているのです。

　諸外国の離婚法をみると，離婚手続の簡易化をすすめつつも離婚から生じる問題，とりわけ子どもに関する問題については裁判所などが関与できるしくみを設けています。もともと日本と同様の協議離婚制度をもっていた韓国において，父母に対して子に関する協議を促す手続が設けられたことは，今後の制度改正を考えるうえで参考になります。

　夫婦が協議で合意に至らない場合，家庭裁判所に調停（家事調停）を申し立て，裁判所の関与の下で調停が成立した場合には離婚となります。これを**調停離婚**といい，離婚全体のうち約1割を占めています。調停では，家庭裁判所の裁判官と国民から選ばれた男女各1名の計3名により構成される調停委員会が，当事者双方の言い分をよく聞いたうえで調停案を提示するなどして合意形成のための仲介・援助をします（→コラム10）。調停には，①裁判ほどは法規や判例に拘束されず個別の事情に応じた柔軟な解決が可能であること，②第三者が介在することで紛争の背景にある感情的な対立を緩和できること，③当事者が納得した上での解決であれば持続的な効果が期待できること，④手続費用が低廉，といったメリットがあります。このことから，離婚事件を含む家庭に関する事件について訴えを提起しようとする場合，原則として，家事調停の申立てをしなければならないものとされています（家事事件手続法257条，**調停前置主義**）。

　調停も成立しなかった場合，なお離婚を望む一方配偶者は他方配偶者を被告として離婚の訴えを提起します。審理の結果，裁判所が民法の定める離婚原因が存在すると認めたときは，合意がなくても一方配偶者の離婚請求を認容する判決により離婚が成立します。これを**裁判離婚**といいます。

　民法770条をご覧ください。1項1号から5号まで列挙されているのが離婚原因で，いずれかに該当すると認められれば判決により離婚することができるわけです（770条1項の構造については異なる考え方もありますが，ここでは判例の立場で記述します。）。1号と2号は，婚姻から生じる義務に違反する行為，たとえば，配偶者以外の者と性関係をもったとか，正当な理由なく同居を拒ん

でいるとか，分担すべき生活費を支払わないといった場合です。3号と4号は，必ずしも配偶者に非難に値する行為があったわけではないけれども，婚姻の継続を求めるのが酷な場合です。

　そして5号は「その他婚姻を継続し難い重大な事由があるとき」という抽象的な離婚原因を定めています。言い換えると婚姻関係が破綻して回復の見込みがない状態ですが，これまでの裁判例では，一方配偶者による暴行や侮辱的言動（モラルハラスメント），正当な理由のない性交拒否，浪費癖，価値観・生活感覚の不一致，親族との不和，過度の宗教活動などの事例で破綻が認定されています。しかし，第一審は破綻を認定したのに控訴審はまだ破綻に至っていないと判断するといったことも起こります。そこで，「夫婦が5年以上別居を継続しているとき」には原則として破綻を認定するといった，破綻認定を客観化する立法提案がなされています。

　裁判離婚は離婚全体の1％にすぎず，ほとんどの夫婦はその手前で離婚しています。しかし，裁判離婚において裁判所が示した考え方や基準は協議・調停の場に大きな影響を及ぼします。当事者は，もし裁判となったらどのような結果になるかを意識しながら協議や調停に臨むからです。インターネットなどで情報収集がしやすくなった今日ではその傾向は強まっているといえるでしょう。したがって，民法の条文を解釈適用する判例（下級審の裁判例・審判例も含みます）を調べることが現実の離婚法を理解するうえで重要です。

② 有責配偶者からの離婚請求は認められるか

　民法770条1項5号は婚姻関係が破綻して回復の見込みがないときは離婚を請求できるとしています。では，婚姻関係を破綻させたことについてもっぱら責任がある配偶者──このような配偶者を有責配偶者と呼びます──が婚姻関係の破綻を主張して離婚を請求することはできるのでしょうか。同号の文言自体は，有責配偶者からの離婚請求が認められるとも認められないとも明言していません。たとえ有責配偶者からの離婚請求であっても婚姻が破綻している以上，離婚は認められると解釈することもできるでしょう。しかし，このような請求を認めることは正義に反するようにも感じられます。

　最三小判昭和27年2月19日は，妻ではない女性との間に子をもうけた夫が妻に対し，民法770条1項5号に基づき離婚を請求した事案において，「法はかくの如き不徳義勝手気儘を許すものではない」などと述べて，夫の請求を棄

却しました。これにより，客観的に婚姻関係が破綻していても有責配偶者からの離婚請求までは認めない**消極的破綻主義**<ruby>（しょうきょくてきはたんしゅぎ）</ruby>の判例が確立します。身勝手な離婚を防止し，弱者である配偶者（多くは妻）の保護を図るものでしたが，その後の法廷では有責性の有無や程度，有責行為と破綻との因果関係が争われるようになりました。「お前のほうが悪い」とか「不貞行為の時点ですでに婚姻は破綻していた」などの主張がなされるようになったのです。また，形骸化した婚姻がいつまでも存続する一方で，有責配偶者の側に形成された事実上の家族が法的に承認されないという問題も生じました。

　昭和27年判決から35年後，ついに判例が変更されます。最大判昭和62年9月2日（民法Ⅲ・15）は，離婚請求は「信義誠実<ruby>（しんぎせいじつ）</ruby>の原則に照らしても容認されることを要する」としたうえで，「①夫婦の別居が両当事者の年齢及び同居期間との対比において相当の長期間に及び，②その間に未成熟の子が存在しない場合には，③相手方配偶者が離婚により精神的・社会的・経済的に極めて苛酷な状態におかれる等離婚請求を認容することが著しく社会正義に反するといえるような特段の事情の認められない限り，当該請求が，有責配偶者からの請求であるとの一事をもって許されないとすることはできない」（丸数字は筆者が加筆）と判示しました。判例は消極的破綻主義を緩和した，ないしは条件付きの**積極的破綻主義**<ruby>（せっきょくてきはたんしゅぎ）</ruby>の立場に転じたと評価されています。

　昭和62年判決は判断基準として①〜③を掲げましたが，その後の判例には，①〜③をすべて満たしていなくても有責配偶者からの離婚請求が認めるものがあります。機械的に別居期間が何年以上でないとダメだとか，未成熟子がいたら絶対ダメだというわけではないのです。判例の展開を俯瞰すると，過去の行為についての責任よりも，離婚を強いられる配偶者と子どもの生活に対する配慮が十分になされているかを重視する傾向がみてとれます。このような判例の姿勢は社会状況や人々の離婚観の変化を受けたものであり，逆に，判例のメッセージは離婚の当事者に対して離婚後の生活に目を向けるよう促すことでしょう。

　では次に，離婚がもたらす効果についてみていきましょう。子どもに関する効果と夫婦の財産に関する効果に分けられますが，紙幅<ruby>（しふく）</ruby>の制約がありますので，ここでは前者に注目することにします。

Ⅱ　子どもに関する効果

❶　離婚と子ども

　2021 年の離婚件数は 18 万 4384 件で，離婚した夫婦の間に存在した子ども（20 歳未満の未婚の子）の数は 18 万 3228 人でした。2021 年の 1 年間で 110 人の子どものうち 1 人くらいが親の離婚を経験した計算になります。1960 年では 524 人に 1 人でしたから，昔に比べると親の離婚は「ふつうのこと」になりました（今も昔も子どもにとって親の離婚がつらい経験であることに変わりはありませんが）。子どもは親を選んで生まれてきたわけではありませんし，離婚を子どものせいにすることはできません。いわば子どもは離婚に巻き込まれるわけですから，離婚から生じるさまざまな不利益から子どもをどう守るかが家族法の課題となります。

❷　親権者の決定

　離婚する夫婦に子どもがいる場合，どちらか一方を親権者と定める必要があります。婚姻中は父母が共同で親権を行使します（民法 818 条 3 項）が，離婚後は父母の一方しか親権者となることができません（**単独親権**）。親権者を定めなければ離婚届は受理されませんし（民法 819 条 1 項），裁判離婚の場合は裁判所が父母のどちらかを親権者に指定します（同条 2 項）。離婚後の**共同親権**は現行法では認められていません。ただし，親権者にならなくても法律上の親であることに変わりはなく，親権者とならなかった親も扶養や相続などでは同じ扱いを受けます。2021 年では母（妻）がすべての子の親権者となる割合が 84.9％を占めています。

　親権をめぐって父母間で激しく争われることがあり，父母の協議で決定することができない場合，裁判所が決定します。ところが，民法は「子の利益」という抽象的な文言を掲げるのみで，親権者の決定基準について具体的に規定していません。裁判所は，不確定的な将来を予測しながら父母のどちらが「より良い親」かという難しい判断を迫られることになります。これまでの裁判例では，双方の監護能力・意欲，監護の継続性（離婚に至るまでの別居中に子と同居していた親をそのまま親権者とする），乳幼児については母親優先（近年では批判がある），経済的・精神的家庭環境，親族等による援助の可能性，子の年齢・

107

性別，子の意向などを総合的に比較衡量して親権者が決定されています。判断にあたっては，家庭裁判所調査官による調査が重要な役割をはたします（→コラム 10）。

❸　面 会 交 流

　離別した父母が婚姻中とまったく同様に子の養育に関わることは困難でしょう。しかし，夫婦としての関係が終了した後も父母として協力し，子が父母双方との関係を継続できるようにしていくことは基本的には子の利益にかないます。その手段のひとつが**面会交流**です。面会交流とは，子と離れて暮らしている親が，子と定期的，継続的に会ったり，手紙や電話などの方法で交流することです。民法 766 条は「面会及びその他の交流」を離婚後の子の監護に関して定めるべき事項のひとつとしています。離婚時に母が親権者となり子と同居することが多いので，父が子との面会交流を求めて母と争うというケースが多くなります。近年，面会交流をめぐる事件が急増しており，2000 年に家庭裁判所に申し立てられた面会交流調停は 2,406 件であったのが，2021 年には 1 万4127 件に達しています。しかも，裁判所に持ち込まれる事件には解決に困難を伴うものが少なくありません。厚生労働省の「全国ひとり親世帯等調査結果報告」（2021 年）によると，面会交流に関して「取り決めをしている」と回答した割合は母子世帯の母では 30.3 ％，父子世帯の父では 31.4 ％にとどまり，多くの子どもが離婚後に一方の親とのつながりを失っているのが現状です。

　面会交流事件はケースごとの個性が強く，面会交流の認否基準を統一的に示すことは難しいのですが，裁判例の全体的な傾向としては，基本的には子の成長にとって有益であるとして面会交流を認容する方向で検討しつつ，非監護親による DV（監護親または子に対する身体的・精神的暴力），子の連れ去りのおそれ，父母の激しい感情的対立といった子の利益を害する具体的な事情がある場合には否定ないし制限しています。第三者の立会いなど条件付きで面会を認めたり，当面は電話・インターネットによる間接的な交流のみを認めることもあります。最近の裁判例には，メッセンジャーアプリの LINE を用いた交流を認めたものがあります（東京高決令和元年 8 月 23 日）。

　面会交流事件の難しさは，法的な強制力のみでは紛争解決に限界があることです。長期にわたり継続する面会交流を円満に実施するためには，父母の合意による自主的な解決がより適しています。家庭裁判所は，面会交流について当

事者に理解を深めてもらうためガイダンスを実施したり，裁判所内で面会交流を試行するなどの取り組みをしています。また，裁判所外でも，監護親が安心して子どもを面会交流に送り出せるような場所や，場合によっては面会交流に第三者が立ち会うといった社会的な支援が必要でしょう。

④　養　育　費

　親は経済的・社会的に未成熟な状態にある子に対して扶養義務を負います（直系血族間の扶養義務を定める民法877条1項）。父母が婚姻し，親子が同居しているうちは現実の共同生活のなかでこの扶養義務は履行されていますが，離婚により父母の一方と別居することになると，別居している親が月に〇万円を支払うというかたちで扶養義務を分担するようになります。この金銭が一般に**養育費**と呼ばれるものです（民法766条は「子の監護に関する費用」と表現しており，監護費用ということもあります）。権利者は子自身ですが，子に代わって親権者（監護者）が他方の親に対して請求することが多く，父母間に争いがある場合，離婚判決と同時に養育費について判断されることもあれば，離婚後に独立の申立てがなされることもあります。

　親権者であるか否かにかかわらず，父母はそれぞれ資力に応じて子に対し扶養義務を負います。ところが民法は，その決定基準について具体的な規定を設けず，裁判所の広い裁量に委ねています。裁判実務では，養育費の具体的内容（支払額）を簡易・迅速に決定するため，「養育費算定表」が利用されています（インターネットで「養育費算定表」と検索すればどのようなものか分かるでしょう。）。

　2011年の民法改正で離婚時に父母が協議によって定めるべき事項として「子の監護に要する費用の分担」が明記されました（民法766条1項）。しかし，「全国ひとり親世帯等調査結果報告」によると，離婚母子世帯の51.2％もが養育費について取り決めをしておらず，取り決めがなされても途中から支払われなくなることが少なくありません。ひとり親家庭における子どもの貧困が大きな社会問題となるなか，養育費の履行確保のための制度改善が議論されています。

━━━━━ Ⅲ　家族法の特徴 ━━━━━

　ここでは離婚に関する規定の一部をみてきましたが，家族法全体にみられる特徴をいくつか挙げておきます。

　第 1 に，家族法では「子の利益」とか「一切の事情を考慮して」といった非常に抽象的な文言がしばしば用いられ，ときには判断基準がまったく示されていないことすらあります。規範内容の具体化は裁判所（とりわけ家庭裁判所）の解釈・運用に委ねられているのです。したがって，他の法分野以上に，家族法の実質的な内容を知るためには下級審を含む裁判例を学習することが重要です。このような家族法のありようは，ケースごとに柔軟な解決を可能にする一方で，紛争解決の基準として不十分との批判を受けています。

　第 2 に，家族法も法規範ではありますが，法の強制力だけでは紛争を解決できないことがあります。紛争の背後にある人間関係や感情的な対立を置き去りにして法的な次元だけで処理しても問題が解決されたことにはならず，裁判所の判断が実効性をもたなかったり長続きしなかったりするのです。そこで家庭裁判所には，司法機関としての役割を基礎としつつ，当事者の合意による紛争解決を促すしくみが組み込まれ，また，法律の専門家以外のスタッフが配置されています。家族法の条文が現実に適用されるプロセスにも着目する必要があります。

　第 3 に，欧米各国では 1960 年代以降，社会の急速な変化に対応して家族法の大規模な改正が次々となされたのに対し，日本の家族法は 1947 年の全面改正以来，根本的といえるほどの改正はなされていません。その理由としては，1947 年の改正により当時の日本社会や外国の立法例と比較して先進的な規定となったこと，前述のように規定が抽象的であったため裁判所の賢明な解釈・運用によってある程度は変化に対応できたことが挙げられるでしょう。しかし，75 年を経て家族法のさまざまな規定にガタツキが生じているように思われます。読者の皆さんにも，現在の規定を正確に理解したうえで，どのような改正が必要か考えてほしいと思います。

Ⅳ　重要判例紹介

　近年，家族法に関する重要な最高裁判決が続出しています。今後の学習のために離婚以外の分野のものをいくつかご紹介します。

① 最大判平成 27 年 12 月 16 日（民法Ⅲ・5）

　女性についてのみ 6 か月の再婚禁止期間を定めていた民法 733 条 1 項を違憲した事例。その後の民法改正で再婚禁止期間は 100 日に短縮されました。

② 最大判平成 27 年 12 月 16 日（民法Ⅲ・6）

　①と同じ日付の大法廷判決。夫婦同氏制を定める民法 750 条は憲法に違反しないと判断。夫婦の氏をめぐる議論は国会に委ねられることになります。

③ 最一小判平成 16 年 11 月 18 日（民法Ⅲ・23）

　婚姻外の男女関係（パートナーシップ関係）の解消について当事者の一方から慰謝料請求がなされた事例。古くからある「内縁関係」ではない現代的な婚姻外関係（同性間のパートナーシップ関係も含む）にどこまで民法の規定が適用されるのでしょうか？

④ 最二小平成 19 年 3 月 23 日（民法Ⅲ・35）

　いわゆる代理出産により生まれた子と依頼者であり遺伝上の母である女性との間の法的母子関係の存否が争われました。生殖補助医療の発達・普及に法整備が追いついていない状況のなか起きた事件でした。

⑤ 最二小判平成 26 年 7 月 17 日（民法Ⅲ・13）

　法律上の父子関係について定める民法 772 条の「嫡出推定」が適用される範囲が問題となった事例。離婚・再婚が増加するなかで明治時代から変わらない規定と現実とのずれが大きくなっていましたが，2022 年 12 月，ついに民法が改正され，子の利益をより重視する規定となりました。

⑥ 最大判平成 28 年 12 月 19 日（民法Ⅲ・66）

　従来の判例を変更し，預貯金債権は遺産分割の対象となるとした事例。多くの相続において預貯金は主要な相続財産なので，実務に大きな影響を与えました。この判決を受けて，2018 年の民法改正により遺産分割前に預貯金の払戻しを認める制度が新設されています。

コラム 11　「家庭裁判所」

　家庭裁判所は，離婚・相続などの家庭に関する事件（家事事件）と非行少年に対する保護事件を専門的に扱う第一審裁判所です。戦後，家族法が全面改正されたのと同時期に発足し，新しい家族法の理念を具現化する機関としての役割を担ってきました。本文でも述べましたが，抽象的な家族法の条文に具体的な意味を補充してきたのです。地方裁判所と同様に各県庁所在地に設置されています（北海道のみ 4 か所で計 50 か所）。

　家庭裁判所も基本的には司法機関ですが，扱う事件の特殊な性質に応じて通常の裁判所とは異なる手続・設備・人員で事件処理に当たります。ここでは民事事件である家事事件についてみてみましょう。

　まず，家事事件の多くは家事調停の対象となっており，本文でも述べたように当事者の自律的な合意による解決が目指されます。その際，家庭裁判所の調停委員会は，話し合いを仲介・援助したり，解決策につながる専門的な知見を提供したりします。当事者間に調停が成立した場合，単なる私的合意ではなく，確定判決と同一の効力を生じます（家事事件手続法 268 条 1 項）。

　設備面では，原告と被告が真っ向から対立する通常の法廷のほかに，関係者が楕円形のテーブルを囲んで着席し，穏やかな雰囲気で話すことができるように配慮されたラウンドテーブル法廷や，家事調停が行われる調停室，面会交流の様子をマジックミラー越しに観察できる家族面会室（児童室）などがあります。

　離婚を含む家事事件を法的に解決するには，事件の背景にある社会的事実，心理的問題，人間関係など調査することが必要です。家庭裁判所調査官は，法律学のほか，心理学，社会学，社会福祉学，教育学など人間諸科学の教育・訓練を受けた者から採用され，裁判や調停に際して事実関係の調査をしたり，さらには当事者の問題解決能力を引き出すために働きかけを行うなどして紛争解決に貢献しています。

　家庭裁判所は戦後改革で最も成功したもののひとつと評価されることがあります。今日でもその重要な役割に変わりはありませんが，成年後見に関する事件や面会交流事件など担当する事件数が激増しているにもかかわらず，人員はさほど増えていません。常に事件処理に追われているのが現状です。

第8章
刑　　法

━━━━━━ **I　総　　論** ━━━━━━

　人を殺したら犯罪だ，というのは皆さん当然に理解していることですが，そもそも犯罪とは何でしょうか？嫌いなＡさんが倒れていたので，死ねばいいと思って助けなかったところＡさんが死亡した場合，殺人罪に問われるのでしょうか？犯罪が成立すれば罪に問われ刑罰が課されますから，どういった場合に犯罪が成立しうるかということは重大な問題です。
　刑法総論では，犯罪とは何なのか，犯罪を構成する要素は何なのかといった，○○罪という個別の犯罪類型を超えてあらゆる犯罪において共通する問題を扱います。構成要件や阻却事由など，犯罪の成否を考えるうえで不可欠な考え方を学んでいきましょう。

1　犯罪と刑罰

　刑法は，犯罪と刑罰に関する法律です。刑罰が科される行為として法律が明示しているのが犯罪であり，犯罪となる行為と，その行為をした時にいかなる刑罰が科されるかを示す法が刑法です。例えば，刑法199条は，「人を殺した者は，死刑又は無期若しくは5年以上の懲役に処する。」と定めていて，人を殺すという行為が犯罪であり，その行為をした者には死刑又は無期若しくは5年以上の懲役という刑罰が科されることを定めています。

　悪いことをした人に罰が下されるというのは自明の道理のように思われがちですが，死刑は人の生命を奪う行為であり，懲役刑は人の自由を奪う行為であって，人権を侵害するものですから，国が自由に行ってよいものではありません。人の権利を侵害する刑罰であっても，それを下すことがより大きな国民全体の利益になるからこそ，厳密な要件と手続きを前提として刑法が適用されることになります。

2　構成要件

　犯罪に該当する行為をすれば刑罰が科されることになるので，何が犯罪に当たるのかは明確に定められていなければなりません（罪刑法定主義）。もし，「猫に良くないことをした者は，死刑に処する。」といった法律が存在した場合，国民は猫に対して何が禁止され何が許されているのか理解することができません。また，国家の側から見れば，「良くないこと」に何を含めるか自由に決めることが出来てしまうので，「Aのことが嫌いだから，Aのやったことは良くないことだったことにしよう。」と恣意的に特定の者の行為が犯罪か否かを決め刑罰権を行使することができてしまいます。そのような事態にならないよう，犯罪にあたる行為は構成要件で明確に定められています。

　刑法において犯罪とは何か，と問われたら，「構成要件に該当し，違法で，有責な行為」と答えることになります。違法というのは，行為が悪いと評価されることであり，有責とは，行為者に責任があることです。構成要件は，処罰に値する悪い行為を類型化したものなので，構成要件に該当する行為をした者は原則として違法で有責であるといえます。しかし，たとえば正当防衛にあたる行為であったとか，行為者に責任能力がなかったといった例外的事情がある場合，違法性がない，あるいは有責性がないとして犯罪ではないということになります。

	客観面	主観面
構成要件	実行行為 結果 因果関係	故意 過失
阻却事由	正当防衛等	責任能力等

3　客観的構成要件

(1)　客観面

　構成要件を見るうえでは，まず客観面を見ることになり，それを客観的構成要件と呼びます。客観的構成要件は，主に実行行為，結果，因果関係から成り立ちます。殺人罪で言えば，条文上「人を殺した者」と定められていますが，これは客観的な要件として，実行行為として人を殺す行為をし，結果として人が死亡していて，その死亡結果が行為によってもたらされたものであるという因果関係があることを意味することになります。

(2) 実 行 行 為

　実行行為とは，その構成要件が予定する結果を発生させる現実的危険性を
もった行為のことをいいます。この実行行為が始まる時点を実行の着手と呼
び，実行の着手が認められた時点から未遂犯が成立することになります（刑法
43条）。例えば，人をナイフで刺して殺害しようとした場合，ナイフが人の身
体に実際に刺さるよりもう少し前に，ナイフを振りかぶったら勿論，ナイフの
先を向けて走り寄った時点でも人が死亡するという結果が発生する現実的危険
性は生じているといえるでしょう。反対に，殺害計画を立ててナイフを買いに
行った時点では，まだ死の結果が生じる具体的な危険が生じたというには早す
ぎるはずです。いかなる行為に実行の着手が認められるかは，具体的な事案に
応じて判断される必要があります。

　行為，という言葉からは，何かを行う積極的挙動がイメージされますし，実
際に実行行為は何かを行う作為でなされることが多いですが，何かをしないと
いう不作為も実行行為となり得ます。このような，一定の期待された作為をし
ないという不作為によって実現される犯罪を不作為犯と呼び，構成要件が不作
為の形式を採用するものを真正不作為犯，作為の形式で規定された通常の構成
要件が不作為によって実現される場合を不真正不作為犯と呼びます。真正不
作為犯には，刑法107条の不解散罪や，刑法130条後段の不退去罪があります。
不真正不作為犯は，たとえば母親が乳児にミルクを与えずに死亡させる場合な
どがあります（殺人罪または保護責任者遺棄致死罪が成立することになります）。

　もっとも，何かをしない，という不作為に広く実行行為性を認めてしまうと，
不当に処罰範囲が拡大してしまう危険があります。倒れている人や溺れている
人を助けないという不作為をした人すべてに犯罪の実行行為を認めることは行
き過ぎです。そのため，不作為に実行行為性が認められるのは，作為と同価値
（等価値）といえるような不作為の場合に限られ，具体的には，行為者に作為
義務があり，作為が可能かつ容易であったのに，期待された作為をしなかった
場合と考えられています。

(3) 因 果 関 係

　構成要件的結果をもたらしたのが実行行為であるという，原因と結果の関係
がなければ，行為者に結果の責任を帰責するのは不当です。このように，行為
が結果をもたらしたといえる繋がりを因果関係と呼び，因果関係の有無は実行

行為に存する危険が現実化した結果といえるか否かによって判断します。

　因果関係が認められるためには，その行為が存在しなければその結果は発生しなかったであろうという条件関係（じょうけんかんけい）が必要です。もっとも，条件関係が認められる範囲は非常に広く，それだけで刑法上の責任を認める因果関係を認めることは妥当ではありません。たとえば，XがYを殴って全治1週間の怪我を負わせたため，Yが病院に行ったところ，同病院に偶々爆弾が仕掛けられており爆発によりYが死亡したというケースにおいても，XがYを殴らなければYは死亡しなかった（あれなくばこれなし）という条件関係は認められますが，Y死亡の責任をXに負わせるのは酷です。そのため，条件関係があるだけで因果関係を認めるという考え方は採られておらず，一般人の社会生活上の経験に照らし通常その行為からその結果が発生することが相当と認められる場合に因果関係が肯定されると考えられています（相当因果関係説（そうとういんがかんけいせつ））。

　相当な範囲でのみ因果関係が認められるとしても，結果に至る過程の中には，特殊な事情が存在して影響を及ぼしたと考えられる場合があります。たとえば，被害者が特殊な病気に罹患していたために，通常であれば死亡しない程度の怪我なのに死亡してしまった場合や，先ほどの例のように，殴った後に他人が仕掛けた爆弾が爆発したせいで死亡した場合などが考えられます。このように，特殊な事情が介在し結果に影響を与えたと考えられる場合でも，判例は実行行為と他の原因とが相まって結果を発生させたといえる場合には，因果関係を認めています（最一小判昭和46年6月17日（刑法Ⅰ・8））。

　実行行為が他の原因と相まって結果を発生させたといえるかは，①実行行為に存する結果発生の危険性の大小，②介在事情の異常性の大小（実行行為との関連性の大小），③介在事情の結果への寄与度の大小といった要素を総合して判断することになります。

④　主観的構成要件

(1)　責任主義と主観面

　客観的構成要件に該当すると認められた場合，次は主観的構成要件（しゅかんてきこうせいようけん）に該当するかを検討することになります。いかに客観的に法益侵害行為（ほうえきしんがいこうい）があったと認められたとしても，責任がなければ刑罰を科すことはできません（責任主義（せきにんしゅぎ））。行為者にとってその行為を回避できなかったのであれば，刑罰を科されても反省しようがなく，予防の効果も認められないからです。そのため，主観的にも

要件を充たし，責任があると認められて初めて刑罰を科すことが正当化できることになります。

主観的構成要件は，故意又は過失が存在することです。

(2) 故 意

刑法38条1項は，「罪を犯す意思がない行為は，罰しない。」と定めており，故意処罰の原則を示しています。故意とは，構成要件事実の認識・認容であるとされます。客観的構成要件に該当する事実をわかっていた場合には，故意があったと認められることになります。もっとも，どこまで何を認識していれば構成要件事実の認識・認容があったといえるかも難しい問題です。例えば，覚せい剤取締法19条は一部の例外を除き「何人も，覚せい剤を使用してはならない。」と定めていますが，自分が使用した薬物が「覚せい剤」であると明確に認識していなかった人でも，故意があったと認められるでしょうか。覚せい剤は，フエニルアミノプロパン，フエニルメチルアミノプロパン及び各その塩類等，定義が決まっていますが（覚せい剤取締法2条），そのようなことまで知らなければ故意がなく無罪になるというのは国民感覚に沿わないと思います。一般人ならばその罪の違法性を意識しうる程度の事実の認識があれば，故意があったと認めてよいと考えられます。

(3) 錯 誤

XはAを殺害したと思っていたが，間違ってBを殺害してしまっていた，という場合のように，行為者の主観と客観にずれが生じた場合にも，故意があると認めても良いでしょうか。このような主観的認識と客観的に生じた事実の不一致を錯誤といいます。錯誤には，例のようにAを殺害しようとしたがBだったというような事実に関する認識のずれがある場合（事実の錯誤）と，事実に勘違いはないものの自己の行為が法的に許されると思っていた場合（法律の錯誤）があります。法律の錯誤については，一般人であれば違法性を意識しうる事実の認識がある以上，故意があると考えられます。これに対して，事実の錯誤については故意の成立に必要な事実の認識が欠けると考えられるので，故意は認められません。

しかしながら，現実には行為者が思った内容と客観的に生じた事実が完璧に一致することばかりではなく，むしろ多少ずれが生じることは多いでしょう。

　たとえば，行為者は包丁で心臓を一突きして殺害することを計画し，心不全で死ぬだろうと思っていたが，被害者に抵抗された結果，腹部等を切りつけることになり出血性ショックで死亡させたという場合，思っていた内容と違うので故意がなく無罪というのは明らかに不当です。したがって，故意が否定されるのは，故意非難ができないと考えられる程度に重大な主観と客観のずれがある場合といえます。

　いかなるずれがあった場合に故意を否定するかについて，認識した内容と発生した事実が具体的に一致していなければ故意は認められないとする説（具体的符合説）と，発生した事実が具体的に一致していなければ故意は認められないとする説（法定的符合説）があります。故意は構成要件事実の認識・認容であり，構成要件は「人を殺した者」というように「人」という形で事実を特定していますから，行為者の認識としてもおよそ「人」を殺す認識があれば，故意非難に必要な事実の認識としては足りると考えられます。そのため，法定的符合説が多数説となっており，判例も法定的符合説を採用しています。したがって，Aを殺害しようとして拳銃を撃ち，Aだけでなく Bにも弾が当たって2人が死亡した場合，Aだけを狙ったとしても Bも「人」ですから，Bに対しても殺人罪が成立することになります。

⑷　過　　失

　刑法は故意処罰の原則を定めていますが，その例外にあたるのが過失犯です。過失犯は，注意義務に違反して犯罪を実行する場合であり，法律に特別の規定がある場合のみ処罰されます。

　注意義務違反とは，意識を集中していれば結果が予見でき，結果発生を回避できたのに，集中を欠いたため結果予見義務を果たさず，結果を回避しえなかったことであるとされます。すなわち，過失犯は結果予見義務と結果回避義務の違反として説明されますが，その前提として，予見可能性と結果回避可能性が必要になります。

5　違法性阻却事由・責任阻却事由

⑴　阻　却　事　由

　客観的構成要件と主観的構成要件を充足すれば，原則として違法で有責と考えられますが，例外的に違法性や有責性が否定される場合があります。それを

違法性阻却や責任阻却と呼びます。違法性阻却には刑法35条の定める正当行
為や正当防衛等があり，責任阻却には刑法39条の定める心神喪失，心神耗弱
による責任無能力，限定責任能力の場合があります。

(2)　正 当 防 衛

　刑法36条1項が定めるのが正当防衛です。法治国家である以上，侵害を受
けたからといって自分で仕返しをするといったことは正当化されませんが，緊
急性のある一定の場合に，自己又は他人を防衛するための行為が例外的に正当
防衛として違法性阻却されます。

　正当防衛は，まず「急迫不正の侵害」がある場合にのみ認められます。急迫
とは，法益侵害が現に存在しているか，間近に押し迫っていることをいいま
す。攻撃があるかもしれない，という単なる侵害の予期があっても急迫性は
否定されませんが，相手からの侵害を予期するだけでなく，その機会を利用
し積極的に相手に対して加害行為をする意思（積極加害意思）で侵害に臨んだ
ときは，急迫性が否定されると解されます（最一小決昭和52年7月21日（判例
250・48））。

　次に，正当防衛は「防衛するため」の行為である必要があります。防衛する
ためとは，防衛の意思をもってすることだと理解されています（最三小判昭和
46年11月16日（判例250・47））。防衛の意思とは，急迫不正の侵害の存在を認
識し，それを避けようとする心理状態のことをいいます。

　また，防衛行為は「やむを得ずにした行為」でなければなりません。これは，
侵害に対する反撃行為が防衛手段として相当性があることをいい，防衛手段と
して必要最小限度の行為であることを意味します。相当性を超えてなされた場
合，「防衛の程度を超えた行為」として過剰防衛にあたります（刑法36条2項）。

(3)　責 任 能 力

　構成要件に該当する行為を行った者を非難するには，行為者に責任能力が必
要です。責任能力とは，事物の是非・善悪を弁別し，かつそれに従って行動す
る能力だとされます。責任能力については，刑法39条と刑法41条に定めがあ
ります。刑法39条は，心神喪失および心神耗弱の場合を定めています。心神
喪失者は責任能力を欠くとして罰せられず，心神耗弱者は責任能力が著しく減
退していたとして刑の減軽が認められます。刑法41条は，刑事未成年といい

14歳に満たない者について政策的に刑事処罰を科さないこととしています。

コラム12 「客観面をみればわかる？」

　人の心臓を狙って拳銃を撃って死亡させた行為者が，「殺すつもりはなかった。」と言っても全く説得力がなく，当然殺人罪の成否が検討されることになります。それは，客観的に行われた「人の心臓を拳銃で撃つ」という行為に，人の死亡結果を生じさせる非常に高い危険性があり，それを当然認識して行っているといえるからです（もちろんその他の成立要件は問題になりますので，殺人罪で有罪と断定はできませんが）。

　では，犬と人が並んでいるちょうど真ん中に拳銃を撃った場合，何罪の構成要件を検討すればよいでしょうか。犬を殺そうとして失敗したのであれば，器物損壊罪の未遂（不可罰）ですが，人を殺そうとしたのであれば，殺人未遂罪です。客観面から判断するのだとすると，より銃弾が近かった方を狙ったと考えることになるのでしょうか？　どちらに数センチ近かった，といったことで検討する構成要件が変わるのでしょうか？

　犯罪の成否を検討するうえでは，まず客観的構成要件を満たすかを検討することになります。それは，どんなに悪い気持ちを持っていたとしても，客観的に行為に及んでいなければ，処罰を検討する必要がないからです。しかし，上記のように検討すべき構成要件が何なのかを考えるにあたって，純粋に客観面だけを見てもよくわからない場合もあり得ます。その場合は，構成要件を選択する段階で，行為者がどのような意図だったのかをちらっと見たうえで，検討すべき構成要件を決めることになります。行為者が人を恨んで殺害しようとしていたのなら，客観的には犬に近いところに銃弾が当たったとしても，殺人未遂罪を検討すべきです。もちろん，何を意図しているかによって客観的になされる行為は変わるでしょうから，主観は客観に現れる，ということが多いかもしれません。

Ⅱ 各 論

> 「火事だ！」と店員を騙して，よそ見をさせている間に，商品を持って
> 逃げた場合，成立するのは詐欺罪でしょうか？ 「金を出せ」と言ってお
> 金を渡させた場合に成立するのは，強盗罪と恐喝罪のいずれでしょうか？
> 　刑法各論は，殺人罪や強盗罪といった個別の犯罪類型の要件を扱います。
> 各犯罪は，その規定によって何を保護しているかという保護法益の観点か
> ら分類することができます。たとえば殺人罪は，人を殺すことを禁止して
> いますから，保護しようとしているのは人の生命という法益です。
> 　各犯罪類型の定める構成要件の解釈を学ぶことによって，いかなる場合
> に当該犯罪が成立するのかを把握することができます。

1 個人法益に対する罪

(1) 生命・身体に対する罪

① 殺 人 罪

　保護法益が人の生命・身体である罪には，殺人罪（刑法199条）や傷害罪（刑
法204条），保護責任者遺棄罪（刑法218条）などがあります。言うまでもあり
ませんが，人の生命は最も重要な法益であり，それを侵害する行為である殺人
罪には，死刑又は無期若しくは5年以上の懲役という重い刑罰が定められて
います。また，殺人予備罪が定められており，殺人の準備行為も処罰対象です
（刑法201条）。

　既に見てきたように，殺人罪は「人を殺した者」と非常にシンプルに定めら
れていますが，「殺した」という実行行為を不作為でなせるか，といったよう
に総論の問題と深く関わる事件が生じます。たとえば，シャクティパットとい
う独自の治療法を行っていた被告人が，脳内出血などを起こし重篤な患者を入
院中の病院から連れ出させ，痰の除去や水分の点滴等必要な医療措置を受けさ
せないまま約1日放置し死亡させたという事件においては，不作為による殺
人罪の成立が認められています（最二小決平成17年7月4日（刑法Ⅰ・6，判例
250・10））。

121

② 保護責任者遺棄致死罪

　近年，児童虐待事件の報道が増加したことにより頻繁に聞かれるのが保護責任者遺棄罪（刑法218条）や保護責任者遺棄致死罪（刑法219条）です。老年者，幼年者，身体障害者又は病者を保護する責任のある者がこれらの者を遺棄し，又はその生存に必要な保護をしなかったときに成立するのが保護責任者遺棄であり，それによって人を死傷させれば，遺棄致死傷罪が成立します。遺棄とは，場所的隔離を伴って要扶助者に生命の危険を生ぜしめる行為であり，不保護とは，場所的隔離を伴わず生存に必要な保護をしないことをいいます。

(2) 名誉に対する罪

① 名誉毀損罪

　外部的名誉を守るために規定されているのが，名誉毀損罪（刑法230条）です。外部的名誉とは，社会が人に対して与える評価のことをいいます。不特定又は多数の人に対し事実を示して人の評価を害する行為が処罰対象とされます。

② 侮　辱　罪

　名誉毀損罪と同じく，外部的名誉を害する行為を処罰するのが侮辱罪（刑法231条）です。名誉毀損罪との違いは，事実の摘示の有無です。つまり，インターネットに「Aの成績は全て1だからバカだ。」と書く行為と，「Aはバカだ。」と書く行為で違いが生じることになります。

　令和4年の法改正により，侮辱罪の法定刑が「拘留又は科料」から「1年以下の懲役若しくは禁錮若しくは30万円以下の罰金又は拘留若しくは科料」に引き上げられました。インターネット上の誹謗中傷が社会問題化したことで，侮辱罪の刑罰を重くすべきという国民意識が高まり，それが反映されたものです。侮辱罪の要件は変更されていないので，これまで侮辱罪で処罰できなかった行為を処罰できるようになるわけではありませんが，より重い刑罰が定められたことで，抑止効果が期待されます。

(3) 財産に対する罪

① 財　産　犯

　財産を保護法益とする罪には，窃盗罪（刑法235条）や強盗罪（刑法236条），詐欺罪（刑法246条），横領罪（刑法252条）等があります。わが国においては

刑法犯の中でも財産犯，特に窃盗罪が圧倒的に多いです。また，詐欺罪は窃盗罪よりも件数は少ないですが，被害額でみると深刻な状況が続いています。

令和元年刑法犯罪種別検挙件数

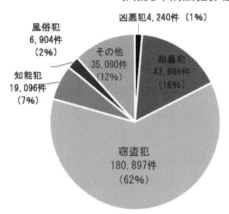

- 凶悪犯（殺人，強盗，放火，強制性交等）
- 粗暴犯（暴行，傷害，脅迫，恐喝，凶器準備集合）
- 窃盗犯
- 知能犯（詐欺，横領，偽造，汚職，背任，あっせん利得処罰法）
- 風俗犯（賭博，わいせつ）
- その他（占有離脱物横領，公務執行妨害等）

※数字は，令和2年警察白書刑法犯罪種別検挙件数の推移
（https://www.npa.go.jp/hakusyo/r02/data.html）から引用。

特殊詐欺の実質的な被害総額の推移

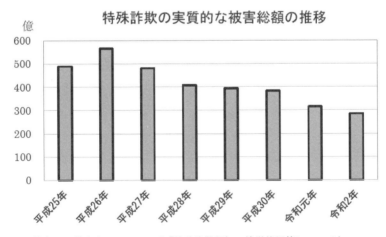

※数字は，警察庁ホームページ「特殊詐欺認知・検挙状況等について」
（https://www.npa.go.jp/publications/statistics/sousa/sagi.html）から引用。

②　不法領得の意思

　財産犯の成立には，主観的要件として不法領得の意思が必要とされます。客観的構成要件要素に対応する部分がないので，不法領得の意思は主観的超過要素と呼ばれます。不法領得の意思とは，権利者を排除して他人の物を自己の所有物としてその経済的用法に従い利用もしくは処分する意思であるとされます。

　権利者を排除して所有者として振る舞う意思は，例えば他人の傘を5分ほど借りてすぐ戻した場合など，処罰に値しない一時使用と窃盗罪を区別する意味があるとされます。すぐに返却したのであれば，権利者排除意思がないと説明できるためです。もっとも，数時間後に返還する意思で深夜自動車を乗り回した事案においては窃盗罪が認められていますし（最決昭和55年10月30日（刑法Ⅱ・32，判例250・151）），機密情報が入ったUSBを持ち出してコピーした場合，例え5分で返却しても権利者排除意思はあると認めるべきです。すなわち，「返すつもりだった」という意図によって必ず権利者排除意思が否定されるわけではありません。

　経済的用法に従って利用処分する意思は，毀棄罪と窃盗罪を区別する意味があるとされます。他人の絵画を持ち出す行為であっても，嫌がらせのために壊す目的であれば毀棄罪となり，売却して利益を得る目的であれば窃盗罪が成立するというのは，この経済的用法に従って利用処分する意思の有無で説明できるためです。なお，経済的用法でなくとも，物の本来の用法に従って利用処分する意思があれば足りると解されます。例えば下着泥棒などは，下着を経済的用法に従って利用する意思があると説明するのは違和感がありますが，下着を下着として手に入れるという本来的用法で利用する意図と考えれば，財物がそのものとして持つ利益を享受する意図は認められ，利用処分意思を肯定できます。

③　強　盗　罪

　強盗罪は，刑法236条の他，事後強盗罪（刑法238条），昏酔強盗罪（刑法239条），強盗致死傷罪（刑法240条），強盗・強制性交罪（刑法241条）等様々な類型が定められています。刑法の中では独特な規定方法ですが，あらゆる類型が漏れることのないようこのように細かく定められています。経済的利得を得る目的で人の生命・身体に危険を及ぼす行為は強い非難に値すると考えられるため，強盗罪は5年以上の有期懲役，強盗致死罪は死刑又は無期懲役と，と

ても重い刑罰が定められています。

　強盗罪は，暴行又は脅迫を用いて他人の財物を強取する罪であり，実行行為
は暴行又は脅迫です。ここでいう暴行又は脅迫は，暴行罪（刑法208条）にお
ける暴行よりも強度のものであると考えられており，相手の反抗を抑圧するに
足りる程度の暴行・脅迫を指すと理解されています。それによって相手方の反
抗を抑圧し，財物・利益を移転させることで強盗罪が成立します。相手の反抗
を抑圧するに足りる程度に至らない暴行・脅迫によって財物を交付させた場合
には，恐喝罪（刑法249条）となります。成立する犯罪を左右するので暴行・
脅迫の程度は重要なポイントですが，その程度は一般人を基準に客観的に判断
され，暴行・脅迫の態様や被害者の年齢・性別，犯行の状況等様々な要素を考
慮して判断されます。

④　詐　欺　罪

　詐欺罪は，人を欺いて錯誤に陥れ，財物を交付させて財物の占有を取得する
ことで成立します（刑法246条1項）。実行行為は人を欺く行為（欺罔行為）で
あり，財物交付に向けられた相手方を錯誤に陥れる行為で，相手方がその点に
ついて錯誤に陥らなければ財産的処分をしなかったであろう重要な事実を偽る
ものを指します。欺罔行為は，騙すために積極的に嘘をつく作為による場合だ
けでなく，保険契約において疾病を申告しないといった不作為による場合もあ
り得ます。また，無銭飲食の意図で支払能力がないのに食べ物を注文した場合，
その振舞いは支払いをする意思と能力があるかのように装っているといえ，挙
動による欺罔行為にあたります（最一小決昭和30年7月7日（刑法Ⅱ・53，判例
250・188））。

　欺罔行為によって財産上の利益を得る場合にも詐欺罪が成立します（刑法
246条2項）。利益には，財産的な価値のある利益が広く含まれ，債務の返済を
免れることやゴルフ場を利用することなどが該当します。

　詐欺罪の条文上，損害の発生は要件として定められていませんが，財産犯と
しての性質上，損害の発生も必要であると考えられています。もっとも，ここ
でいう損害は，欺かれなければその財物を交付しなかったといえる関係があれ
ばよく，たとえ財物の相当対価が支払われていたとしても，損害が認められま
す。したがって，他人を航空機に搭乗させる意図であることを秘して自身が搭
乗するかのように装い料金を支払って搭乗券の交付を受けた行為についても詐

欺罪の成立が認められています（最一小決平成22年7月29日（刑法Ⅱ・50）。

❷　社会法益に対する罪

（1）　社 会 法 益

　生命・身体や財産といった法益が個々人に帰属する利益のため個人法益と呼ばれるのに対して，特定個人の利益ではなく多くの国民に関わる利益であり，法益の帰属先が社会であると考えられるものを社会（的）法益と呼びます。社会法益に対する罪には，放火罪や偽造罪，公然わいせつ罪などが含まれ，直接の被害者を特定せずとも犯罪が成立します。

（2）　放　火　罪

　かつて放火罪は財産犯と考えられていましたが，現在は不特定または多数人の生命・身体・財産に対する危険を生じさせる公共危険罪と考えられています。
　刑法108条が規定する現住建造物放火罪は，現に人が住居に使用し又は現に人がいる建造物等に放火して焼損させる罪です。人の生命にも危険を生じさせる罪なので，死刑又は無期若しくは5年以上の懲役という重い刑罰が定められています。焼損とは，火が媒介物を離れ独立に燃焼を継続する状態に達することだと理解されています（独立燃焼説）（最一小判昭和25年5月25日（刑法Ⅱ・81））。
　現代においては難燃性建造物が増加していることから，独立燃焼に至りにくい場合も考えられ，有毒ガスの発生等によっても焼損と認めるべきではないかといった議論も生じていますが，現在そのような考え方は採られていません。

（3）　偽　造　罪

　偽造罪には，通貨や文書に対する国民の信用を保護するため，通貨偽造罪（刑法148条1項）や文書偽造罪が規定されています。偽物の通貨や文書が社会に出回ってしまうと，国民は安心して取引をすることができません。そのような事態は社会に重大な支障を生じさせるので，それを防止するために偽造罪が定められています。
　文書偽造罪は，文書の種類によって条文が細かく分けられており，代表的なものは公文書偽造罪（刑法155条1項）や私文書偽造罪（刑法159条1項）です。偽造には，有形偽造と無形偽造があり，有形偽造とは名義人でない者が名義を

冒用して文書を作成することであり，無形偽造は，名義人が内容虚偽の文書を作成することをいいます。私文書においては原則として有形偽造のみが処罰対象となっており，文書の名義人と作成者の人格の同一性を偽った場合に偽造が成立すると考えられています（最二小判昭和59年2月17日（刑法Ⅱ・94，判例250・219））。

③　国家法益に対する罪

(1)　国 家 法 益

利益の帰属主体が国家であると考えられるものが国家（的）法益であり，国家法益に対する罪には，国家の存立に対する罪，国家作用に対する罪，国際社会に対する罪が存在します。国家の存立に対する罪には，内乱罪（刑法77条）や外患誘致罪（刑法81条）など，国の統治機構そのものを破壊し国家の存立自体を脅かす罪があり，非常に重い刑罰が定められています。実際に刑事事件としてよく問題になるのは国家作用に対する罪であり，公務執行妨害罪（刑法95条1項），逃走罪（刑法97条），偽証罪（刑法169条）などがあります。

(2)　公務執行妨害罪

公務員による職務の執行を妨害する行為を禁じることで公務という国家作用を保護するのが公務執行妨害罪（刑法95条1項）です。公務には，公務所において公務員（刑法7条）が職務上なすべき事務の取り扱いいっさいが含まれますが，適法な職務であって保護に値する公務である必要があります。

公務執行妨害罪の実行行為は暴行又は脅迫です。ここにいう暴行は，公務員に向けられた有形力の行使であれば足り，公務員の身体に向けられる必要はありません。もちろん殴るといった行為は典型的な暴行ですが，公務員の近くで物を壊すといった行為も暴行にあたることになります。

Ⅲ　重要判例紹介

① 不作為犯・殺人罪／シャクティパット事件——最二小決平成17年7月4日（刑法Ⅰ・6，判例250・10）

シャクティパットという独自の治療を行っていた被告人が，重篤な患者を病院から運び出させ，未必的な殺意をもって必要な医療措置を受けさせないまま

放置したことにより死亡させた行為につき，不作為による殺人罪を認めた事例。

② 因果関係／大阪南港事件──最三小決平成2年11月20日（刑法Ⅰ・10，判例250・21）

　　被告人が被害者に激しい暴行を加え，脳出血を生じさせて意識消失状態に陥らせた後，資材置場まで運搬して放置したところ，被害者は死亡するに至ったが，資材置場において生存中，何者かによって角材で後頭部を殴打され，幾分か死期が早められた事案において，被告人の行為と死亡結果に因果関係が認められた事例。

③ 故意／最二小決平成2年2月9日（刑法Ⅰ・40，判例250・29）

　　化粧品だと言われて覚せい剤の運搬を依頼された被告人が，覚せい剤を隠した腹巻を衣服の下に着用して国内に輸入し所持した行為につき，覚せい剤を含む身体に有害で違法な薬物類であるとの認識があったとして覚せい剤輸入罪，同所持罪の故意が認められた事例。

④ 錯誤と法定的符合説／最三小判昭和53年7月28日（刑法Ⅰ・42，判例250・31）

　　警察官から拳銃を強取しようとした被告人が，手製装薬銃を用いてAを狙って発射しAに重傷を負わせたが，貫通したびょうが，さらにBにも命中して重傷を負わせた行為につき，AだけでなくBに対しても強盗殺人未遂罪の成立が認められた事例。

⑤ 正当防衛／最一小決昭和52年7月21日（判例250・48）

　　対立する政治団体から襲撃を受け撤退させた被告人らは，再襲撃を必至と考えバリケードを築き闘争用の道具を準備して，再度襲撃を受けた際に鉄パイプで突くなどして応戦した行為につき，相手の攻撃を当然に予想しながら，積極的攻撃，加害の意図をもって臨んだとして侵害の急迫性が否定された事例。

⑥ 窃盗罪／最二小決昭和55年10月30日（刑法Ⅱ・32，判例250・151）

　　数時間後には元の場所に戻すつもりで，駐車場に駐車してあった他人所有の普通乗用自動車を無断で乗り出した被告人の行為につき，不法領得の意思があるとして窃盗罪の成立が認められた事例。

⑦ 強盗罪／最一小判昭和23年11月18日（刑法Ⅱ・38）

　　18歳未満の少年である被告人らが，ナイフ等を突きつけ「金を出せ」等と言って脅迫し，現金等を得た行為につき，被害者が被告人の暴行脅迫によってその精神および身体の自由を完全に制圧されることを必要としないとして強盗罪の成立が認められた事例。

⑧　詐欺罪／最一小決昭和 30 年 7 月 7 日（刑法Ⅱ・53, 判例 250・188）

　　所持金がなく代金支払意思のない被告人が料亭において宿泊, 飲食の提供を
受けた後, 知人を見送ると述べて逃走した行為につき, 宿泊, 飲食等をした時
点で詐欺罪の成立を認めた事例。

⑨　偽造罪／最二小判昭和 59 年 2 月 17 日（刑法Ⅱ・94, 判例 250・219）

　　外国人登録証明書を受け取り長年日本において通称名を用いて生活していた
被告人が, 再入国許可申請書に通称名を署名して提出した行為につき, 再入国
許可申請書の性質にも照らすと, 文書の名義人と作成者との人格の同一性に齟
齬を生じさせたとして私文書偽造罪, 同行使罪の成立を認めた事例。

【参考文献】

①　前田雅英『刑法総論講義〔第 7 版〕』（東京大学出版会, 2020 年）

②　前田雅英『刑法各論講義〔第 7 版〕』（東京大学出版会, 2019 年）

③　木村光江『刑法〔第 4 版〕』（東京大学出版会, 2018 年）

④　前田雅英『刑事法の要点』（東京法令出版, 2017 年）

⑤　前田雅英・星周一郎『最新重要判例 250 刑法〔第 12 版〕』（弘文堂, 2020 年）

第9章
民事裁判制度：民事の紛争解決

　私たちの社会には，大勢の異なった価値観や事情をもった人々が生活し，それゆえに多くの紛争が生じています。そうした紛争のすべてを法で解決できるわけではありませんが，それでもその一部は法的な解決を望むことができます。法的に解決することを期待できる場合，すなわち，私法に定められた権利をめぐって対立が起きた場合に，法の定めたルールに従って，公正に紛争を解決する手続きを定めているのが民事訴訟法です。

　ここでは，民事訴訟法の基本的な原理原則を学び，どのような紛争解決方法があるのか，みていきましょう。

Ⅰ　民事裁判制度の意義

　民事訴訟という制度は何のために設けられているのでしょうか。多くの教科書には，「民事訴訟とは，国家がその権力（司法権）を背景に，強制的かつ終局的に民事紛争を法的に解決するという特徴がある」と説明されています。これはどのような意味でしょうか。

　最初に「強制的」という文言に注目しましょう。民事紛争は私的自治の妥当する私人間の民事関係に関する紛争を扱います。そうであるならば，当事者間における自主的な解決に委ねることも可能ですし，むしろ当事者間の自主的解決に委ねる方がその後の当事者間の生活関係の修復を考えると好ましいともいえます。そこで，国家権力が介入するのではなく，必要に応じて第三者が介入して当事者間における交渉を行うことによって自主的解決を図ろうとするのがいわゆる ADR，裁判外紛争解決制度です。しかし，ADR はあくまで自主的解決の方法ですから，当事者の合意が得られなければ，紛争の解決を当事者に強制することはできません。

　でも，その話し合いがうまくいきそうにない。それが次の段階です。当事者

同士で解決の合意に至ることが絶望的になった場合，そのままでは紛争の解決が実現不可能な事態に陥ってしまうことになってしまいます。そのような社会正義の貫徹されていない状態を打開するのが，民事訴訟という制度の「強制的」解決です。民事訴訟に関する訴え提起には，紛争の相手方の同意は必要ありません。訴えを提起されたら，必ずその訴訟に応じて，自分の言い分を主張しなければならないのです。応じなければ，その訴訟に負けてしまいます。これを「応訴強制」と言います。また，相手方に支払能力がない場合でも，訴えを提起することはできます。裁判所は，相手方に支払能力があるかないかにかかわらず，法的に支払う義務があれば，判決で支払を命じることになります（実際に金銭の支払が強制的に実現されるのは，後述する強制執行手続においてです）。また，相手方が，裁判に出廷しない場合は，原則として，原告側の請求を全面的に認める判決が言い渡されます。

　次に，「民事訴訟とは，国家がその権力（司法権）を背景に，強制的かつ終局的に民事紛争を法的に解決するという特徴がある」という文言のなかの「権力・司法権を背景に」という部分に注目しましょう。この国家の権力による「公権的」解決という側面は，さきほどの「強制的」という話にもつながってきます。裁判に巻き込まれたくない当事者，すなわち被告をどうして「強制的に」有無も言わせず裁判に引きずり込むことができるのかといえば，それは民事裁判が国家による制度であるからに他なりません。また，たとえば原告側の請求が認められた判決が一定の期間を経て確定すれば，その判決には拘束力が生じ，紛争の蒸し返しはできなくなりますが，そのような強い力を判決に持たせることが可能になるのも，ひとえに，国家が紛争の両当事者の間に入って裁判を行うからです。

　最後に，「民事訴訟とは，国家がその権力（司法権）を背景に，強制的かつ終局的に民事紛争を法的に解決するという特徴がある」のうちの「法的に解決する」という部分をみてみましょう。前述のように，訴訟の当事者は敗訴してしまうと確定判決の内容に拘束され，紛争をそれ以上蒸し返すことはできなくなります。そのような強い拘束力で当事者を縛るのですから，民事訴訟は，訴訟に参加した当事者が，その訴訟に勝っても負けても納得できるものでなくてはなりません。裁判官の恣意的な審理・判断ではなく，必ず法規範に依拠した「法的」解決でなければならないのです。簡単にいえば，裁判官はその日の気分とか，裁判官自身の好みによる依怙贔屓とか，偏った主義主張によって紛争

を解決するのではなく，定まった基準，つまり，法規範のみによって裁判をしなくてはならないということです。ここでいう法規範とは，権利義務関係の有無を判断する民法等の実体法，そして訴訟をどのように行っていくかという訴訟手続のルールである手続法の両方を指しています。

Ⅱ　訴訟の流れ

　では，実際の訴訟は，どのような順番で進行していくのでしょうか。ここでは，訴訟とは何を行うのかということを具体的に想像できるように，簡単に訴訟の流れを確認したいと思います。

　訴えを提起するには，まず，原告が訴状と呼ばれる書面を作成して，裁判所に提出します（裁判所用の原本と，被告の人数に応じた副本の提出）。提出された訴状は，訴状として十分な書面になっているかどうかが，訴状が提出された裁判所において，その事件を担当することとなった裁判体の裁判長によって審査され，訴状（副本）が民事訴訟法のルールに沿った適式な内容のものと判断されると，その訴状が被告に送られます。これを「訴状の送達」といいます。訴状が被告に送達されるときに，原告被告の両当事者に対し，指定された日時（これを「期日」といいます。）に裁判所の法廷まで来るよう，呼出しが行われます。呼び出された期日において，いよいよ裁判所で原告と被告が裁判官の前で顔を合わせます。これを第1回口頭弁論期日と呼びます。普通は，口頭弁論を1回開いただけの審理では十分な審理ができません。裁判所が，その事件を判断するに十分な判断材料が集まっていないからです。そのため，第1回口頭弁論のあとに続いて，必要に応じた回数の口頭弁論がそれぞれ日を置いて開かれます。東京地裁を例にとると，大体1か月に一度くらいのペースで口頭弁論を開くといわれています。多くの場合，事件は複雑で長期化が予想されるので，弁論準備手続といって，訴訟の大まかなスケジュールを決める場合もあります。原告の求める請求の成否について判断をするのに，これ以上審理する必要はない，すべての主張は聞き終えたし，提出されうる証拠も調べ尽くして，これで判断ができる，という段階になると，裁判所は口頭弁論を終結するという宣言をして，審理を終えます。その後，裁判所はそれまでの審理に基づいて判決を作成し，法廷でその判決を言い渡します。この裁判所の下した判決は，当事者に送達されます。

敗訴した当事者が2週間以内に控訴をしなければ，判決は確定します。これに対して，この期間内に控訴があれば，控訴審，つまり第二審の手続が開始されます。

Ⅲ　管轄と審級

Ⅱでは裁判の流れを簡単に説明しました。しかし，1回の訴訟では，当事者が納得できないこともあります。そのため，日本の民事訴訟制度は「三審制」という制度を設けていると言われています。文字通り，1つの事件につき3回審判を受けられる制度のことです。

どこの裁判所に訴えを提起すべきかは，事件の内容や訴訟で請求する金額によって異なります。どの裁判所がその事件を審理する権限を持っているのかを定める基準を管轄と呼びます。ここでは，説明を簡潔にするために，訴訟で請求するものが金銭の支払であって，その額が140万円を超えていると想定しましょう。この場合，原則として，被告として訴訟を提起しようとする相手方の住んでいる場所にある地方裁判所に訴えを提起することになります。140万円以下の場合は簡易裁判所に提起します。地方裁判所に提起された訴訟は，地方裁判所がⅡで説明した訴訟の流れに沿って審理をし，判決を言い渡すことになります。

原告でも被告でも，敗訴した側の当事者が，その地方裁判所が下した判決に対して不服のある場合には，さらに上の裁判所，この場合では高等裁判所に，もう一度審理することを求めることができます。これを控訴といいます。控訴が提起されると，高等裁判所が更に審理して，判決を言い渡します。さらに，それでも不満だという場合，限定された一定の場合には上告といって最高裁判所にさらに審理することを求めることができます。上告があると，最高裁判所が審理の上，判決を言い渡します。なお，最高裁判所は，問題となっている法律をどのように解釈するかを審理し（法律審），下級裁判所が認定した事実関係と異なる事実認定をすることはありません。

最高裁判所の判決に対しては，通常の方法では再審理の申立てができません。このような状態を「判決が確定した」といいます。控訴や上告は2週間以内にしなければならないので，地方裁判所の判決に対して控訴しなかった場合や，高等裁判所の判決に対して上告しなかった場合にも，それまでに言い渡された

判決は確定します。

━ Ⅳ　民事訴訟法における原則──弁論主義──　━

　民事訴訟法には，訴訟手続の公正さを維持し，また訴訟の利用者がその裁判を正当なものとして受け入れるために様々な原則が存在します。処分権主義，弁論主義，直接主義，口頭主義，公開主義など様々なものがありますが，ここではなかでも最も重要な弁論主義を扱います。

　民事訴訟には守らなければならないルールがたくさんありますが，そのなかでも最も重要なのが弁論主義です。弁論主義とは，訴訟で争われている権利関係の基礎をなす事実の確定に必要な裁判資料の収集を当事者の権能と責任に委ねる原則です。当事者は自分の権利を実現するために訴訟を提起し，裁判所は訴訟で提出された資料や材料に基づいて，権利の有無について適切な判断を下します。弁論主義とは，裁判所が最終的に判決をするために必要な判断材料は原告や被告が提供しなければならないという原則のことをいいます。逆にいえば，裁判所にとっていくら明らかであっても，当事者が提出してこない主張や資料に基づいて判決を下すことは許されません。また，判断資料の提供を当事者に任せる，ということは，併せて当事者間で一定の事実があったことに争いがないものは，裁判所もそのような事実を前提にしなければならないということも含みます。たとえば，貸金返還請求で，金銭消費貸借契約の締結があったことは原告も被告も認めていて，原告と被告との間で争いがない場合，裁判所はそのことを前提に判決をしなければなりません。金銭消費貸借契約を結んだかどうかという点について，裁判所がその他の主張や証拠の内容からその有効性に疑問を抱いたとしても，裁判所は「その契約は存在しない。」という判決を書くことはできません。あくまでも，裁判所は，その契約が有効に締結されたことを前提に，その後の弁済がなされたのか？ というような当事者間で争いのある部分についてのみ，判断を下すことが求められます。

　以上のような弁論主義の具体的な内容は，以下の３つのテーゼで示すことができます。テーゼとは命題という意味です。

　　　第１テーゼ：当事者が主張しない事実については，裁判所は，それを判決
　　　　　　　　　の基礎とすることができない。
　　　第２テーゼ：当事者間に争いがない事実については，裁判所は，それをそ

　のまま判決の基礎としなければならない。

　第3テーゼ：当事者が主張したが当事者間に争いがあるという事実につい
　　　　　　ては，裁判所が証拠によって認定する場合，事実認定の基礎
　　　　　　となる証拠は，当事者が申し出たものに限られる。

Ⅴ　強制執行手続

　ここまで，大まかな民事訴訟の制度についてみてきました。しかし，そもそもなぜ訴訟を提起しなくてはならない事態に陥ったのか，はじめに戻って考えてみましょう。実体法上の権利を有している人がいます。しかし，その権利を行使できないままの状態が続いているのです。お金を貸したのに返してもらえないとか，仕事をしたのにお給料を払ってもらえないとか，そのような事態に陥っているのに，自分ひとりではどうしようもない状態です。そこで，このような民事紛争を解決し，自身の権利を実現するためには，まずは民事訴訟を提起することになります。しかし，ここで無事勝訴判決を得たとしても，勝訴判決は，極端に言えば，原告の被告に対する請求が認められる旨を示した単なる「紙切れ」でしかありません。勝訴の確定判決を得たからといって，裁判所が自動的に相手方から，貸したお金を取り立ててくれるわけではないのです。そこで，必要なのが強制執行手続になります。ここでは，「画に描いた餅」を本当のお餅にするための手続である強制執行手続についてみていきます。

　訴え提起から判決までの手続（判決手続）を定めているのが，民事訴訟法です。これに対して，民事執行法は民事訴訟手続で存在を認められた権利を最終的に実現するため，それに見合った現実を強制的に作り出す手続を定めています。現在の日本の法社会において，私人は自分に権利があると考えても，法律上必要なこれらの手続を執らずに暴力等の実力で権利を実現することは，基本的に許されません。これを「自力救済禁止」といいます。これは，民事執行手続の正当性を説明するとても大事な考え方です。しかし，「自力救済禁止」だけが存在すると，救済されないままの権利がそのまま捨て置かれ泣き寝入りせざるをえない当事者があらわれる可能性があります。そのため，民事訴訟であったり，民事執行であったり，国家が私人間に入って権利を実現する制度を設けているのです。民事執行法の存在意義は，実体的権利を最終的に実現することにある，ということができます。

　原告勝訴の判決が確定し，しかしなお被告が判決で命じられた義務を履行しない場合には，原告であった債権者は，被告であった債務者の財産に対して民事執行手続，その中の強制執行手続を開始するために，執行機関に対して執行の申立てをすることになります。

　民事執行には4つの種類があります。①強制執行，②担保権の実行としての競売，（これは担保権の実行とか担保執行ともいいます。），③民法，商法その他の法律の規定による換価のための競売，（これは別名「形式的競売」ともいいます。），④債務者の財産状況の調査，この4つです（民事執行法1条）。確定判決による場合や執行証書による場合が，①の強制執行ということになります。そして，質権による場合，抵当権による場合が，②の担保権の実行（民事執行法180条以下）ということになります。民事執行のうちで，この2つが極めて重要な手続きです。

　①強制執行を実施するためには債務名義が必要になります。債務名義とは，強制執行の基礎となる文書のことです。民事執行法22条は，確定判決の他にも公正証書，確定した執行判決のある外国裁判所の判決，仲裁判断，和解調書，調停調書などを債務名義と認めています。ただし，民事上の判決には，給付判決，確認判決，形成判決の3種類がありますが，債務名義として強制執行の基礎となるのは給付判決のみです。給付判決とは，例えば「被告は，原告に対し，金1000万円を支払え。」という主文の判決や，「被告は，原告に対し，別紙物件目録記載の建物を明け渡せ。」という主文の判決のように，被告に対し金銭の支払を含む作為や不作為を命じる判決をいいます。また，給付判決であっても，強制することが事実上不可能であったり，社会通念上妥当性を欠いたりするような場合には強制執行が許されない点にも注意が必要です。そのような場合には，損害賠償など他の方法での解決を目指すことになります。

　このような諸々の債務名義に基づいて強制執行を行いますが，金銭執行か非金銭執行か，金銭執行の場合には，債務者の責任財産のうちどの財産に対して強制執行を行うかによって異なった手続をとります。ここでは，金銭執行の場合についてみていきましょう。

　対象財産が債務者の持っている土地・建物などの不動産である場合，これらを強制的に売却することで強制執行を実施します。流れとしては，①申立てをするのに必要な書類・費用（予納金90万円）を用意し，②債権者の不動産を管轄している地方裁判所に競売申立てをし，必要書類を提出します。③それを受

けた裁判所が，競売開始決定とともにその不動産に対する差押えを宣言します。④その後，その不動産について現況の調査・評価をし，売却基準価額を定め，評価された不動産は競売にかけられ，最高価格をつけた人に売られます。最後に，⑤債権者は売却された不動産の代金から配当金を受け取ります。この手続は強制競売手続と呼ばれています。

　対象物が動産の場合，強制執行に掛けられるものと掛けられないものがあります。民事執行法 131 条は①債務者が生活するのにどうしても必要なもの（衣服や家具，台所用具など），②66 万円までの現金，③債務者の仕事に必要な道具などを動産執行の対象としてはならないとしています。これは，憲法 25 条が保障する生存権を侵害しないための措置であって，「健康で文化的な最低限度の生活」の水準を奪うような強制執行は認められません。動産施行の流れとして，まず①動産執行の申立書を裁判所の執行官に提出し，②裁判所の執行官と動産執行の日時を決め，③動産執行の日時に執行官とともに債務者の自宅や店舗に向かいます。しかし，中に立ち入れるのは執行官だけですから，債権者は執行官から中の状況の報告を受けて，どの財産を差し押さえるか判断します。その後，④執行官が債務者の自宅や店舗内を調べて，現金や売却して現金化（換価といいます。）できそうな財産を差し押さえます。最後に⑤執行官が指定した売却期日に差し押さえた動産を売却し，その代金を債権回収に充てます。

　さらに，対象物が債権である場合も多くあります。金銭債権，具体的には預金の場合，これまでは金融機関の口座の支店までを特定しなければならず，実際の債権回収が困難なことも多くありました。しかし，現在では，弁護士による照会をすることで，預金口座の詳細な情報が得られるようになった他，2020 年 4 月に施行された改正民事執行法で導入された「第三者からの情報取得手続」により，以前よりも債権回収が容易になったと言われています。「第三者からの情報取得手続」は，債務名義に基づいて申立により，強制執行に必要な相手方の情報を対象の金融機関や市町村などの第三者から取得することを可能にする制度です。

VI　様々な民事紛争解決制度

　ここまで，一般的な訴訟手続によって，紛争を解決することを前提に民事裁判制度のお話をしてきました。しかし，実際には，紛争解決のためにはさまざ

まな制度が設けられており，事件によって適切な方法を選択していくことが重
要になります。ここでは，いくつかの民事紛争解決制度をご紹介します。

1　少　額　訴　訟

　民事訴訟というと時間も費用もかかるたいへんな手続きだというのが，一般
的なイメージでしょう。そして，実際に民事訴訟がさまざまな意味でコストの
かかる方法であることは否定できません。そのため，知人へのお金の貸し借り
などのような少額の債権を，裁判所で訴訟を提起して回収することは事実上困
難でした。そこで導入されたのが少額訴訟制度です。少額訴訟は，60万円以
下の金銭の支払請求のみを扱うことができます。

　通常の民事訴訟では，先に説明したように，複数回の口頭弁論を経て審議を
重ねるため，判決が下されるまでに多くの日数がかかります。これに対して少
額訴訟では，原則として1回の期日のみで両当事者の主張や立証を聞き，証拠
調べをして，直ちに判決が言い渡されます。特別な事情がある場合には，1回
の審理で終わらず期日が続行となる場合もありますが，その日のうちに判決が
でるのが原則です。また，少額訴訟では，証拠調べはすぐに取り調べることが
できるものに限定されていて，出頭している当事者本人，当事者が連れてきた
証人，当事者が持参した書証や検証物などを挙げることができます。

　不服申立てについても少額訴訟は大きく異なっています。通常の民事訴訟で
は，判決に不服がある者は，上級裁判所に上訴（控訴・上告）することができ
ます。しかし，少額訴訟は一審限りで，判決に対して控訴することは認められ
ていません。その代わり，異議申立て制度であれば，利用することが可能です。
異議申し立て制度とは，裁判官から言い渡された判決などに不服があるときに
利用する制度のことをいいます。異議の申立てが受理されると，同じ事件につ
いて再度裁判所で審理をしてもらうことができるようになります。このように，
非常に簡潔化された手続を導入することによって，少額訴訟は迅速な紛争解決
を可能にしています。

　さらに，少額訴訟の判決の場合，仮執行宣言と呼ばれるものが付けられます。
仮執行宣言とは，判決が確定していない状況でも，強制執行をできるようにす
る制度です。本来なら強制執行は判決が確定するまで行うことはできません。
しかし，それでは被告が控訴したり，異議を申し立てたりしている間に被告の
財産がなくなってしまうこともあります。仮執行宣言とは，このような状態を

解消するために，判決が確定していなくても強制執行できるという許可を与えることをいいます。少額訴訟は迅速な解決に重点を置く制度であるため，原告の請求を認める内容の判決が出される場合には，裁判所の職権で仮執行宣言をつけることが義務付けられています。

❷　支払督促

支払督促とは，金銭の支払請求などをする場合に，訴訟のような煩雑な手続を踏まずに簡易・迅速に判決があったのと同じ効果を得られる方法です。

本来であれば，相手方に何かを請求する場合には訴訟を起こして判決を得て，強制執行をすることになります。しかし，それでは，時間も費用もかかってしまいます。そこで金銭や有価証券などを請求する場合に限って，簡単な手続きを認めたのが支払督促の制度です。近年では，NHK が受信料不払いの利用者に対してこの手続きを利用したことがメディアで取り上げられました。他には，サラ金やクレジットカード会社などが，債権回収のためにしばしば利用します。

支払督促は債権者からの申立てだけで，債務者の主張を聴いたり，証拠調べを行ったりすることなく，裁判所書記官が支払督促の文書を相手方に発送します。支払督促が簡易裁判所から送達されてから2週間以内に債務者が異議の申立てをしなければ，債権者は簡易裁判所に仮執行宣言の申立てができます。仮執行宣言が付されたら，債権者は差押えなどの強制執行の手続きに入ることができます。

しかし，債務者が期間内に異議申立てをすると訴訟に移行します。ただし，管轄裁判所は支払督促を申し立てた簡易裁判所あるいは地方裁判所となりますので，債務者が遠方の場合は，その地の裁判所まで出向くことになります。

❸　即決和解

即決和解とは，紛争の当事者同士で話し合いをし，和解が成立した場合に，その合意内容について簡易裁判所に和解の申立てをして裁判上の和解を成立させる手続のことです。訴え提起前の和解（民事訴訟法 275 条）といいます。当事者間に合意が成立していること，その合意内容を裁判所が相当と認めたときに利用できる手続きです。合意が成立していれば，わざわざ裁判所に行く必要はないように思えるかもしれません。しかし，即決和解の目的は，合意内容を債務名義化することにあります。和解成立後に，債務者からの履行が滞った場

合などであっても，即決和解によって「和解調書」が獲得できていれば，債権者は再び話し合いをしたり，もしくは裁判を提起したりすることなく，強制執行の手続きに移行することができるようになります。

　紛争内容が金銭の支払いに関するものである場合，即決和解と同じ様に当事者の合意を債務名義化する方法として，強制執行受諾文言付の公正証書を作成することもできます。しかし，建物の明渡しなどを代表とする，金銭の支払い以外の内容についても合意した場合には，公正証書では網羅できませんので，即決和解の制度を用いるしかありません。

4　ADR

　皆さんは，ADRという言葉を聞いたことがあるでしょうか。ADRとは，Alternative Dispute Resolutionの頭文字をとったもので，代替的紛争解決や，裁判外紛争解決手続と訳されます。ADRの定義はさまざまですが，一般的には，当事者から独立した中立の第三者が介在する民事紛争の解決手続のもののなかで裁判以外のもののことをいいます。具体的には，仲裁・調停・和解斡旋が代表的です。仲裁とは，当事者が現在または将来の紛争について第三者である仲裁人の判断に委ね，その判断に拘束されることを合意し（仲裁合意），これに基づいて進められる裁判外紛争解決手続です。仲裁人は法曹資格を有している必要はなく，また当事者の同意によって任意に選出できますから，それぞれの紛争類型に応じて高い専門知識を有した人を仲裁人として選出することが可能です。また，紛争解決のための手続や，どこの国の法律を基準にして判断するか（準拠法）も両当事者の合意によって決定します。仲裁は国際的な紛争でよく用いられています。たとえば，日本には油田がありませんから，日本の石油会社は外国に行って油田の発掘事業を行うことがあります。事業が順調である間は問題が起こりませんが，何らかの紛争が発生した場合，どちらの国の裁判所で紛争解決をすればいいか問題になります。両当事者ともに，自分の国の法律で訴訟をしたいと希望するからです。そのような場合に，両当事者いずれの国の裁判所を用いるのではなく，第三国で仲裁を行って，第三国の法律で，紛争解決をすることを取り決めることがよくあります。

　これに対し，調停・和解斡旋は，当事者間の自主的な紛争解決のために，第三者が仲介して解決合意の成立を目指す裁判外紛争解決手続です。裁判官や仲裁人のように紛争の決定権をもつ人はいませんから，最終的には両当事者が合

意に至らなければ紛争解決にはいたりません。ですから，仲裁と，調停や和解の斡旋の間には，大きな違いがあることになります。裁判所で行われる調停で，紛争が解決に至り，調停が成立すると，調停調書が作成されます。調停調書は書記官によって作成されるもので，話し合いで合意した内容が記載されています。記載した内容は確定判決と同じ効力を持つため，当事者は和解調書に拘束され，任意に履行されなければ，債権者はその和解調書に基づいて強制執行の手続に移行することができます。

コラム 13 「倒産ってなんだろう？」

　新型コロナウイルスが猛威を振るうなか，時短営業やお酒の提供の禁止などを求められた飲食店をはじめ，多くの企業が苦しい経営を強いられてきました。2022年度上半期（4-9月）の「新型コロナ」関連倒産は1,121件特に9月は過去最多と報じられ，ますます社会における倒産法制の意義は大きくなっています。

　「倒産」という言葉を聞くと，一般的には企業が再起不能になって，潰れてなくなってしまうイメージがあるかもしれません。しかし，実際には，「倒産」とはもっと広い意味を持つ言葉であり，企業だけでなく，自営業者や会社員の経済的な破綻の状態も「倒産」に含まれます。また，企業が「倒産」した後にも，場合によっては再建の途が残されています。適切な計画のもと，長い時間をかけて経営を健全化し，最終的には原則としてすべての債務を返す再建型整理という方法です。たとえば，2010年1月にJAL（日本航空）は東京地方裁判所に会社更生法に基づく更生手続開始の申立てをし，倒産手続の一種である会社更生手続の対象となりました。しかし，その後，JALは会社更生手続において収益の立て直しを図るとともに，債権者に債務の減免を求めた上で残債務の弁済計画を成立させるなどして，諸々の手段により経営再建を進めます。他にも，牛丼で有名な吉野家ホールディングスもかつては「倒産」状態に直面したにもかかわらず，再建を果たしたことで有名です。同社は1980年7月に会社更生法手続の対象となりましたが，セゾングループの援助を受け，1987年には債務を完済しています。このように，決して「倒産」＝ゲームオーバーではないのです。

　このように，再建を果たす企業が存在する一方で，残念ながら清算型の処理を選ばざるをえない企業もあります。会社を整理し，残ったものを売ってお金に換え，それを債権者で分け合い，最終的には会社の法人格を消滅させて，全ての処理を終わらせる方法です。記憶に新しいのは，振袖の販売やレンタルなどを扱っ

ていた「はれのひ」の破産事件でしょうか。破産法の定める破産手続のような清算型手続では，債権者はすべての債権を回収することはできません。したがって，この手続で重要なのは債権者が平等に扱われること，そして全体として倒産する会社の財産を出来るだけ多くのお金に換えることです。力の強い者，早く行動した者だけが多くの債権回収を行うことのないよう，フェアな手続が破産法のもと進められます。

コラム 14 「これからの民事訴訟法制」

　ネットショッピングや電子マネー，オンライン授業など，現在の日本ではオンライン上で行えるものが多くあります。新型コロナの流行でステイホームが推奨されるようになり，その流れは加速したということができるでしょう。

　それでは，民事裁判制度はどうでしょうか。日本では，1996 年に争点整理など一部でテレビ会議システムが導入され，2004 年には電子申立の運用が一部で認められましたが，利用件数は少なく全体として日本の裁判の IT 化は諸外国に比べ，大きく遅れをとっています。ところが，近年，民事訴訟における IT 推進の必要性がクローズアップされるようになりました。加えて，新型コロナウイルスの流行によって，民事司法制度が事実上 2 か月も停止せざるをえない状況に追い込まれたこと，2020 年 9 月に発足した菅内閣が，デジタル庁設置を自身の目玉政策として掲げたことなどから，民事裁判の IT 化が大きく発展することが期待され，2022 年 5 月には改正民事訴訟法が公布されるに至りました。

　民事訴訟における IT 化では e 提出，e 事件管理，e 法廷が必要と言われています。現行制度では，郵送およびファクシミリしか利用が認められていませんが，e 提出の導入により，訴状などすべての書類をオンラインでデータ提出できるようになります。e 事件管理は，裁判所の記録を電子化し，外部からもアクセスできるようにし，裁判所から紙をなくすことを目指すものです。e 法廷では，当事者が法廷に来ないでもウェブ会議で期日（口頭弁論，争点整理，証人尋問，和解など）を実施できるように改正が行われました。

　法の制約を比較的受けない ADR においても，オンライン化はさほど進んできませんでした。しかし，現在では，ADR の分野でも IT 化（ODR・Online Dispute Resolution）は推進されています。ODR 導入の大きなメリットとして，国際的な紛争を含む遠隔地に所在する当事者との間においても紛争解決手続を実施することが可能になることや，時間的・経済的なコストを大幅に削減することが可能なことに加え，離婚後の非監護親と子との面会交流の調整や DV にかかわる事件など当事者同士が対面することを避けたい事案においても調停が行いやすいことが指摘されています。また，IT 化をさらに一歩進め，将来的には，過去の紛争解決の事例のデータを蓄積し，AI の技術を用いて先例分析を行い，将来の紛争解決の一助とすることも議論されています。皆さんも困ったことがあるときに，インターネットで検索をすることがあるでしょう。同

じように，トラブルに巻き込まれた当事者が自分でネット検索したときに信頼できる情報提供ツール等があれば，紛争解決の役に立つと考えられているからです。また，これまで自分の抱える問題が法的に解決できるものかどうか分からずに，泣き寝入りしていた市民も権利の実現のために法的手段を取ることができるようになるかもしれません。ODR は，幅広い市民に対して司法へのアクセスを拡大するものといわれています。

　しかし，その一方で，紛争解決手段への IT の導入にあたっては，乗り越えなければならない課題もあります。たとえば，手続記録のデジタル化では大規模なデータ流出や目的外使用の防止策などを検討する必要があります。また，AI の活用に関しては，過去の紛争解決事例に過度に依拠することにより，ジェンダーや社会的弱者の保護など，近年新しい価値観のもとで判断されるようになってきた事案において，現在の価値観のもとで守られるべき権利が正当に守られなくなる可能性が指摘されています。いずれにせよ，今後の議論の発展と IT の導入については，注目すべきであるといえるでしょう。

第10章
刑事訴訟法

Xが，包丁を用いて，Aの胸部を刺して，同人を殺害した。このような殺人事件が発生した場合，どのような経過をたどって，XがAを殺害した犯人として有罪とされることになるのでしょうか。

ここでは，XがAを殺害した犯人として有罪になるまでの流れ（刑事手続の流れ）と，その流れを捜査と公判の2つに大きく分けたうえで，それぞれの段階での重要な基本原則について学んでいきましょう。

I 刑事手続の流れ

上記の例では，Xが，包丁を用いて，Aの胸部を刺して，同人を殺害したとだけ述べましたが，これは映画やドラマのあらすじのようなもので，現実はそれほど簡単でないことは，皆さんにも容易に想像できると思います。というのも，現実の出来事としては，とある日のとある場所で身元不明の死体が発見される，というだけだからです。

では，実際の動きについて少し具体的に考えてみましょう。ここでは，仮に皆さんが死体の発見者であったとします。この場合，多くの方は，110番通報するなどして，警察を呼ぶことになるのではないでしょうか。皆さんからの通報を受けた警察官が現場に到着して，事件の捜査が開始されることになります。

捜査では，犯人（ここでは捜査段階での話をしていますので，より正確には「**被疑者**」といいます。もっとも，皆さんには「**容疑者**」という言葉のほうがなじみ深いかもしれません。しかし，それはマスコミの用語になります。なお，後述する「**被告人**」との違いをきちんと押さえておきましょう）の発見・確保と，証拠の収集が行われます。そして，警察での捜査が終了した後は，検察官に事件を送致します。事件を送致された検察官は，事件を裁判所に起訴するかどうかを判断します。ここで，起訴するという判断をした場合，裁判所に対して検察官は**起**

訴状を提出します（これを「**公訴の提起**」ともいいます）。公訴の提起によって，被疑者は被告人と呼ばれるようになります（この後すぐ述べるところにも関係しますが，被疑者にせよ，被告人にせよ，いずれも確定の有罪判決を受けているわけではありません。したがって，それまでの間は，罪を犯していない者として扱われる必要があります。これを**無罪推定の原則**といいます。なお，無罪推定の原則については，この意味以外にも，『「疑わしいときは被告人の利益に」という刑事裁判における鉄則』（白鳥事件——最一小決昭和50年5月20日（刑訴法・A55））の意味で用いられることがあります。この場合には，**利益原則**といいます）。

■【起訴状】

　皆さんは，起訴状には何が書いてあると思いますか。刑事訴訟法の規定を見てみましょう（六法で刑事訴訟法256条を引いてみてください。）。1項では，先に述べたように，公訴の提起には起訴状の提出が必要であるとされ，続く2項にその内容が規定されています。それによりますと，①被告人の氏名その他被告人を特定するに足りる事項，②公訴事実，③罪名の3つが必要であるとされています。この3つについては，より詳細に規定されていて，①については氏名のほかに被告人の年齢，職業，住居，本籍（以上については，刑事訴訟規則164条1項1号本文を確認してください。），②については訴因の明示（刑事訴訟法256条3項），③については罰条の明示（刑事訴訟法256条4項）がそれぞれ必要です。また，これ以外にも必要な事項がありますので，それについては右の起訴状のサンプルで確認してください。

　起訴状に関連して，重要な点が刑事訴訟法256条6項に示されています。検察官が起訴状を提出するにあたっては，「裁判官に事件につき予断を生ぜしめる虞のある書類その他の物を添附し，又はその内容を引用してはならない」とされ，それ以外のものを提出してはならないと規定されているのです。これを「**起訴状一本主義**」といいます。

　ここで，皆さんに質問です。この起訴状一本主義には，どのような意味があると思いますか。先ほどの引用のなかに，「裁判官に事件につき予断を生ぜしめる虞」とありました。そこから，起訴状だけを提出させることは，裁判官に対して事件に対する予断を与えないという意味があるのだと理解できます。つまり，この規定には，裁判官に事件に対する透明なイメージをもって裁判に臨んでほしい，という意味が込められているのです。そして，このことは，憲法が保障する「公平な裁判所」で裁判を受ける権利（憲法37条1項）を守るために必要な措置で

あることが分かります。それゆえに，この規定に違反した起訴は，無効になるわけです（刑事訴訟法 338 条 4 号）。

令和○年検第○○号

起 訴 状

令和○年○月○日

○○地方裁判所　殿

○○地方検察庁
検察官検事　○　○　○　○　印

下記被告事件につき公訴を提起する。

記

本籍　○○県○○市○○○丁目○番地
住居　○○県○○市○○○丁目○番○号
職業　無職

勾留中　○　○　　　○　○
平成○年○月○日生

公　訴　事　実

　被告人は，令和○年○月○日午後○時ころ，金品窃取の目的で，○○市○○○丁目○番地所在の○○○○方に無施錠の窓から侵入し，同所において，同人所有の腕時計 3 点（時価約 60 万円相当）を窃取したものである。

罪名及び罰条

住居侵入・窃盗　刑法第 130 条前段，第 235 条

　公訴の提起後，公判手続が進行します。公判手続では，冒頭手続→証拠調
手続→弁論手続の順で裁判が進み，最後に判決宣告に至ります。もっとも，こ
れで刑事手続がすべて終了するかといえば，そうではありませんよね。皆さん
が中学や高校での社会科で学んだように，わが国は三審制を採用しています
から（実は，この三審制にも例外があります。たとえば，裁判所法 16 条 4 号を確認
してみましょう），今まで述べてきた第 1 審判決に不服がある場合には，高等裁
判所などの次の審級に進むことになります（これを「上訴」といいます）。上訴
の結果，裁判が確定して，有罪となれば，刑の執行という段階に移るわけです。
もっとも，判決が確定した後も，非常上告や再審といった救済手続が予定さ
れています。

　以上，ごく簡単に刑事手続の流れを確認してきました。次の節では，前述の
とおり，捜査を規律している諸原則について確認していきましょう。

■【裁判員制度】
　裁判員制度は，国民から選ばれた裁判員が刑事裁判に参加し，裁判官とともに
事件について判断するというものです。2019 年 5 月に，制度施行 10 周年を迎え
ました。裁判員裁判の特徴として，公判に入る前に公判前整理手続が必ず行われ
ます（裁判員の参加する刑事裁判に関する法律 49 条）。公判前整理手続は，「充
実した公判の審理を継続的，計画的かつ迅速に行うため」（刑事訴訟法 316 条の
2 第 1 項）に行われ，そこでは事件の争点と証拠が整理されます。これによって，
各裁判員の負担が最小化され，国民の司法参加を促すことができるようになりま
した。

　もっとも，公判前整理手続は，刑事裁判の迅速化を目的としているわけです
から，裁判員裁判以外の刑事裁判にも導入されています。刑事訴訟法は，「裁判
所は，審理に二日以上を要する事件については，できる限り，連日開廷し，継続
して審理を行わなければならない」としており（刑事訴訟法 281 条の 6 第 1 項），
これを達成するためにも必要な制度といえます。

Ⅱ　捜査を規律する諸原則

1　任意捜査の原則

　刑事訴訟法 197 条 1 項は，「捜査については，その目的を達するため必要な取調をすることができる。但し，強制の処分は，この法律に特別の定のある場合でなければ，これをすることができない。」と規定されています。今引用した条文の 2 文目にあたる但書によると，強制処分（「強制の処分」）は例外的なものであって（これを「**強制処分法定主義**」といいます。），任意捜査が原則であることが読み取れます。

■【犯罪捜査規範（昭和 32 年国家公安委員会規則第 2 号）】

　犯罪捜査規範とは，「警察官が犯罪の捜査を行うに当つて守るべき心構え，捜査の方法，手続その他捜査に関し必要な事項を定めることを目的と」（同 1 条）して定められたものです。同規則 99 条には「捜査は，なるべく任意捜査の方法によつて行わなければならない。」と規定されており，やはり任意捜査が原則であることが分かります。

　任意捜査という用語については，対の用語である**強制捜査**と一緒に考えてみるといいでしょう。強制捜査とは，強制処分を用いる捜査のことですから，強制処分以外の処分（これを「任意処分」といいます）を用いる捜査が任意捜査であるということになります。したがって，ここで明らかにすべきことは，強制処分とはどのような処分なのかということになります。この点については，次の判例が参考になります。

■ **最三小決昭和 51 年 3 月 16 日**（刑訴法・1）

　「捜査において強制手段を用いることは，法律の根拠規定がある場合に限り許容されるものである。しかしながら，ここにいう強制手段とは，有形力の行使を伴う手段を意味するものではなく，個人の意思を制圧し，身体，住居，財産等に制約を加えて強制的に捜査目的を実現する行為など，特別の根拠規定がなければ許容することが相当でない手段を意味するものであつて，右の程度に至らない有形力の行使は，任意捜査においても許容される場合があるといわなければならな

149

い。ただ，強制手段にあたらない有形力の行使であつても，何らかの法益を侵害し又は侵害するおそれがあるのであるから，状況のいかんを問わず常に許容されるものと解するのは相当でなく，必要性，緊急性などをも考慮したうえ，具体的状況のもとで相当と認められる限度において許容されるものと解すべきである。」

この判例は，次のような事案に対する判断でした。

　　酒酔い運転中に物損事故を起こした被告人に対して，事故現場に到着した警察官2名が運転免許証の提示と呼気検査を求めたところ，被告人がこれらを拒否したために近隣の警察署へ任意同行して取調べました。取調べ中，再三にわたり呼気検査を受けるように説得を試みましたが，被告人は応じませんでした。その後も警察官は説得を続けたものの，被告人からのマッチを貸してほしいとの申し出を断ったのをきっかけに，被告人が突然小走りで部屋を出ていこうとしたので，これを制止しようと左手首を掴みました。そうしたところ，被告人が警察官に対して暴行を加えてきたので，公務執行妨害罪（刑法95条1項）の現行犯人として逮捕しました。その後，被告人は，上記の道路交通法違反と公務執行妨害罪で起訴されました。

　本事案の争点である制止行為の性質について，皆さんはどう考えるでしょうか。ここで改めて判例で示された見解について確認してみましょう。本判例は，強制手段を「個人の意思を制圧し，身体，住居，財産等に制約を加えて強制的に捜査目的を実現する行為など，特別の根拠規定がなければ許容することが相当でない手段」であると述べています。したがって，これに当てはまらない場合には許容される行為であるということになりそうですが，判例はさらに絞りをかけています。すなわち，「必要性，緊急性などをも考慮したうえ，具体的状況のもとで相当と認められる限度において許容される」という部分です。これによると，任意処分であっても，相当性の範囲外にあるものは違法であるということになります。

　なお，本事案に対する最高裁の結論は，以下のとおりです。

> 　「これを本件についてみると，Ａ巡査の前記行為（制止行為のこと――引用者注）は，呼気検査に応じるよう被告人を説得するために行われたものであり，その程度もさほど強いものではないというのであるから，これをもつて性質上当然に逮捕その他の強制手段にあたるものと判断することはできない。また，右の行為は，酒酔い運転の罪の疑いが濃厚な被告人をその同意を得て警察署に任意同行して，被告人の父を呼び呼気検査に応じるよう説得をつづけるうちに，被告人の母が警察署に来ればこれに応じる旨を述べたのでその連絡を被告人の父に依頼して母の来署を待つていたところ，被告人が急に退室しようとしたため，さらに説得のためにとられた抑制の措置であつて，その程度もさほど強いものではないというのであるから，これをもつて捜査活動として許容される範囲を超えた不相当な行為ということはできず，公務の適法性を否定することができない。」

　以上のところから明らかなように，強制処分（強制捜査）ではないから任意処分（任意捜査）であって常に許容されるのだということにはなりません。それは，上述した判例が述べているように，「何らかの法益を侵害し又は侵害するおそれがある」からです。それゆえに，任意捜査であっても当然限界はありますし，一方で強制捜査についても限界があります（法律に根拠規定があるからといって，無制約に行えるわけではありません。この点については，Ⅳの重要判例紹介で挙げた判例などを確認してみてください）。

2　令 状 主 義

　強制処分については，もう一つ重要な原則があります。それが，**令状主義**です。本書のこれまでの章において学んだように，国の最高法規である（日本国）憲法（憲法98条1項）には，詳細な人権保障規定が設けられています（憲法31条以下）。このうち，憲法33条が「何人も，現行犯として逮捕される場合を除いては，権限を有する司法官憲が発し，且つ理由となつてゐる犯罪を明示する令状によらなければ，逮捕されない。」と規定し，憲法35条には「何人も，その住居，書類及び所持品について，侵入，捜索及び押収を受けることのない権利は，第33条の場合を除いては，正当な理由に基いて発せられ，且つ捜索する場所及び押収する物を明示する令状がなければ，侵されない。」（1項）と規定されています。このように，強制処分である逮捕，捜索・押収などを行う際には「司法官憲」（＝裁判官）の発する令状を必要とする原則を令状主義とい

います。なお，憲法 35 条 2 項には「捜索又は押収は，権限を有する司法官憲が発する各別の令状により，これを行ふ。」と規定されており，これと 1 項とをあわせて考えると，一般令状の禁止という趣旨を読み取ることができます。

　令状主義の趣旨は，強制処分にあたって裁判官が事前審査を行うことで，捜査機関による行き過ぎを抑制することにあります。それゆえに，処分の対象範囲を特定の上で明示した請求書を提出させて（請求にあたっては，請求書のほかに資料（この資料を**疎明資料**といいます）の提供も義務付けられています。例えば，逮捕について，刑事訴訟規則 143 条を参照してください），その内容について審査の上で令状を発付することになっています。

■【令状主義の例外】

　憲法 35 条 1 項を読んだときに，「第 33 条の場合を除いては」と書いてあったことを覚えていますか。この部分が意味することは，令状主義が及ばない領域があるということです。つまり，令状主義の例外ですね。では，それはどのような場合なのでしょうか。憲法 33 条は，現行犯逮捕などの逮捕について規定しています（条文上も明らかですが，現行犯逮捕も，もちろん令状主義の例外になります。ただ，現行犯とは，現に罪を行い，又は現に罪を行い終つた者（刑事訴訟法 212 条 1 項）をいいますから，逮捕という強制処分に関して，無令状でも許されるわけです）。したがって，逮捕（当然ですが，適法なものに限定されます）に伴う捜索・押収の場合には，無令状で行うことができるということになります。

　このような解釈を前提に，刑事訴訟法 220 条は規定されています。つまり，同条によれば，（通常・現行犯・緊急）逮捕の現場で，必要があれば，無令状で差押，捜索又は検証をすることができます（刑事訴訟法 220 条 1 項柱書，同条同項 2 号，同条 3 項をあわせて読みます）。では，なぜこのようなことが許されているのでしょうか。この問題については，まだ理論的に一致していないので，皆さんが今後刑事訴訟法を本格的に学ばれる際に確認してほしいと思います。ただ，ここで問題となっている捜索等が適法に行われる逮捕に随伴したものであることに鑑みると，逮捕現場には証拠物の存在が十分に疑われるわけですから，法が被逮捕者の管轄内にあるものについてそれらを許したと考えるのは十分に理由のあることだと思われます。

Ⅲ　公判の諸原則

1　当事者主義

　当事者主義は，**職権主義**と対立する用語とされ，その違いからまず簡単に確認してみることにしましょう。ここで問題となっている当事者主義の意義は，訴訟進行に関するもので，訴訟進行の主導権を当事者に認めることをいいます。一方の職権主義は，主導権を裁判所に認めることをいいます。現行の刑事訴訟法は，当事者主義を原則としながらも，職権主義を完全に排除しているわけではありません。このことは，たとえば，刑事訴訟法298条2項（職権による証拠調）を見れば明らかです。

　また，これ以外の意味で当事者主義という語が用いられることもあります。たとえば，**当事者対等主義**という意味で用いられます。先に述べたように，ここにいう当事者とは，被告人と検察官の二者をいいます。皆さんも容易に想像できるかと思いますが，検察官は訴追官としての役割のほかに捜査官としての役割もあり，権限などにおいて被告人との間には圧倒的な格差があります。この点については，憲法も当然に自覚しており，憲法37条3項に「刑事被告人は，いかなる場合にも，資格を有する弁護人を依頼することができる。被告人が自らこれを依頼することができないときは，国でこれを附する。」と規定して，この格差が是正されるようにしています。なお，刑事訴訟法30条は「被告人又は被疑者は，何時でも弁護人を選任することができる。」として，その範囲を被疑者まで拡張しています。

　以上のように，刑事裁判は裁判所，検察官，被告人・弁護人という三者を主な登場人物として進んでいきます。このような三者による刑事裁判の構造というのは近代以降の形で，それ以前の時代では裁判所と検察官が一体でした（すなわち，裁判所と被告人の二者構造になります）。この後者の構造を**糾問主義**といい，前者を**弾劾主義**といいます。先に述べた職権主義や当事者主義との関係について述べれば，糾問主義は必然的に職権主義と結びつきますが，弾劾主義においてはどちらの可能性もあり得ます（主導権をどちらに認めるかという問題にすぎないからです）。したがって，わが国の刑事裁判の構造については，弾劾主義で，かつ当事者主義を採用しているということになります。

2 公判中心主義

　公判中心主義とは，犯罪事実の存否の確認は公判において行われるべきであるとする原則をいいます（本書と同じく，信山社から出版されている『**刑事法辞典**』（参考文献に挙げておきます）にある田口守一博士の説明です。刑事法で困ったことがあったら，この本にあたってみることをお勧めします）。すなわち，有罪か否かの判断は公判において行われる必要があるということを意味しており，これを支えるために，「**公開主義**」，「**口頭主義**」，「**直接主義**」の3原則がさらにあります。以下では，この3つについて簡単に確認していきましょう。

　まず，1つ目の「公開主義」は，憲法が「すべて刑事事件においては，被告人は，公平な裁判所の迅速な公開裁判を受ける権利を有する。」（憲法37条1項）や，「裁判の対審及び判決は，公開法廷でこれを行ふ。」（憲法82条1項）と規定しているように，裁判は広く公開される必要があるとするものです。憲法が被告人に公開裁判を受ける権利を明記しているのは，国民による傍聴という形での監視によって，被告人が不利益な取扱いを受けることがないように保障するためです。

　本書を読まれている皆さんも裁判傍聴に行くことができるわけですから，ぜひ一度は傍聴に行かれるとよいと思います。傍聴の際には，メモを取ることができます（レペタ事件——最大判平成元年3月8日（憲法Ⅰ・72）：これは刑事訴訟法の判例ではありませんが，重要な判例です）。

■【公開主義の例外】

　公開主義の例外も憲法に規定されています。憲法82条2項に，「裁判所が，裁判官の全員一致で，公の秩序又は善良の風俗を害する虞があると決した場合には，対審は，公開しないでこれを行ふことができる。但し，政治犯罪，出版に関する犯罪又はこの憲法第三章で保障する国民の権利が問題となつてゐる事件の対審は，常にこれを公開しなければならない。」と規定されています。

　次の「口頭主義」は，書面主義と相対する用語です。先に述べたように，現在の裁判は公開で行われるわけですから，口頭で訴訟資料が提供される必要があります（糾問主義においては，裁判は秘密に，そして書面で行われていました）。たとえば，刑事訴訟法305条1項本文に「検察官，被告人又は弁護人の請求により，証拠書類の取調べをするについては，裁判長は，その取調べを請求し

た者にこれを朗読させなければならない。」とあるのは，口頭主義の表れです。なお，刑事訴訟法43条1項に「判決は，この法律に特別の定のある場合を除いては，口頭弁論に基いてこれをしなければならない。」とあり，ここから口頭弁論主義を採用していることがわかります（文字通り，口頭主義と弁論主義をあわせたものが口頭弁論主義です）。弁論主義とは，当事者双方の主張・立証などによって審判すべきとするものです。

最後の「直接主義」は，通常，主観的直接主義と客観的直接主義の2つの意味を持っています。ここで問題となっているのは，このうち前者です（後者の客観的直接主義は，証拠法上の原則で，裁判所は事実の認定にあたって直接的な証拠によるべきであるとするものです。したがって，他の証拠で代用するといったことはできないことになります。）。その意義は，裁判所は自ら取り調べた証拠のみを基礎として裁判するべきであるというものです。したがって，裁判官の交代による公判手続の更新（刑事訴訟法315条本文）については，それまでに形成された有罪か無罪かの判断が失われることになるために，それを再構築するために手続を改めて必要な限りで行うということですから，まさに直接主義に基づく措置であるということができます。

■【迅速な裁判】

前掲したように，憲法37条1項は，「迅速な（公開）裁判を受ける権利」を被告人に保障しています。また，この規定を受けて，刑事訴訟法は，「この法律は，刑事事件につき，公共の福祉の維持と個人の基本的人権の保障とを全うしつつ，事案の真相を明らかにし，刑罰法令を適正且つ迅速に適用実現することを目的とする。」（下線は引用者による。）（刑事訴訟法1条）と規定しています。

では，なぜ裁判が迅速に行われることが重要なのでしょうか。その理由について，判例（高田事件——最大判昭和47年12月20日（刑訴法・A31））は，「刑事事件について審理が著しく遅延するときは，被告人としては長期間罪責の有無未定のまま放置されることにより，ひとり有形無形の社会的不利益を受けるばかりでなく，当該手続においても，被告人または証人の記憶の減退・喪失，関係人の死亡，証拠物の減失などをきたし，ために被告人の防禦権の行使に種々の障害を生ずることをまぬがれず，ひいては，刑事司法の理念である，事案の真相を明らかにし，罪なき者を罰せず罪ある者を逸せず，刑罰法令を適正かつ迅速に適用実現するという目的を達することができないこととなるのである。」と指摘しています。それゆえに，この判例において，最高裁は，「憲法37条1項の保障す

る迅速な裁判をうける権利は，憲法の保障する基本的な人権の一つであり，右条項は，単に迅速な裁判を一般的に保障するために必要な立法上および司法行政上の措置をとるべきことを要請するにとどまらず，さらに個々の刑事事件について，現実に右の保障に明らかに反し，審理の著しい遅延の結果，迅速な裁判をうける被告人の権利が害せられたと認められる異常な事態が生じた場合には，これに対処すべき具体的規定がなくても，もはや当該被告人に対する手続の続行を許さず，その審理を打ち切るという非常救済手段がとられるべきことをも認めている趣旨の規定であると解する」と述べました。このような解釈をふまえて，第 1 審の審理が 15 年余という長期間にわたって事実上中断していた高田事件では，「これ以上実体的審理を進めることは適当でないから，判決で免訴の言渡をするのが相当である」と結論づけられました。

【今後さらに刑事訴訟法を学んでいくうえでの参考文献】

① 三井誠ほか『刑事法辞典』（信山社，2003 年）

② 椎橋隆幸ほか『ブリッジブック刑事裁判法』（信山社，2007 年）

③ 三井誠ほか『入門刑事手続法〔第 8 版〕』（有斐閣，2020 年）

④ 田中開ほか『刑事訴訟法〔第 6 版〕』（有斐閣，2020 年）

⑤ 宇藤崇ほか『刑事訴訟法〔第 2 版〕』（有斐閣，2018 年）

⑥ 酒巻匡『刑事訴訟法〔第 2 版〕』（有斐閣，2020 年）

⑦ 田口守一ほか『目で見る刑事訴訟法教材〔第 3 版〕』（有斐閣，2018 年）

Ⅳ　重要判例紹介

① 最三小決昭和 51 年 3 月 16 日（刑訴法・1）
強制処分の意義と任意処分の限界について示された判例。

② 米子銀行強盗事件——最三小判昭和 53 年 6 月 20 日（刑訴法・4）
所持品検査を職務質問に付随して行い得る場合があると示された判例。

③ 最二小決平成 20 年 4 月 15 日（刑訴法・8）
ビデオ撮影が適法な捜査活動となるための要件について示された判例。

④ 和光大事件——最三小決平成 8 年 1 月 29 日（刑訴法・12）
準現行犯逮捕の適法性について示された判例。

⑤ 最一小決平成 19 年 2 月 8 日（刑訴法・20）
令状執行中に搬入された荷物にも令状の効力が及ぶとされた判例。

⑥ 最一小決昭和 55 年 10 月 23 日（刑訴法・27）
強制採尿の実施に関する法的手続について示した判例。

⑦ 最大判平成 29 年 3 月 15 日（刑訴法・30）
GPS 捜査を強制処分としつつ，新たな立法によって法的に規制されるべきものであることが示された判例。

⑧ 最一小決昭和 55 年 12 月 17 日（刑訴法・38）
検察官の裁量権逸脱によって公訴の提起が無効となる場合がありうるものの，それは極限的な場面に限られると示された判例。

⑨ 最大判平成 15 年 4 月 23 日（刑訴法・39）
検察官の設定した訴因が審判の対象となることが示された判例。

⑩ 最大判平成 23 年 11 月 16 日（刑訴法・49）
裁判員制度が合憲であることが示された判例。

コラム 15 「検察審査会（けんさつしんさかい）って何？」

　公訴の提起に関して，刑事訴訟法は「公訴は，検察官がこれを行う。」（刑事訴訟法 247 条）と規定しています。また，刑事訴訟法 248 条は，「犯人の性格，年齢及び境遇，犯罪の軽重及び情状並びに犯罪後の情況により訴追を必要としないときは，公訴を提起しないことができる。」としています。これらの規定から，**起訴独占主義**（きそどくせんしゅぎ）と**起訴便宜主義**（きそべんぎしゅぎ）（**起訴裁量主義**（きそさいりょうしゅぎ）ともいいます）の採用がそれぞれわかります。したがって，検察官には強力な権限があるということが皆さんにも容易に想像できることと思います。

　そこで，検察官によって，不当に不起訴処分とされたり，逆に不当に起訴されたりした場合について考えてみましょう。まず，不当不起訴の場合には，いくつかの手段が用意されていて，その 1 つに検察審査会があります。検察審査会は，「公訴権の実行に関し民意を反映させてその適正を図るため」（検察審査会法 1 条 1 項）に設置され，「検察官の公訴を提起しない処分の当否の審査に関する事項」（検察審査会法 2 条 1 項 1 号）を掌（つかさど）ります。つまり，不起訴処分の当否について審査をするわけです。審査結果のうち，「起訴を相当とする議決」（検察審査会法 39 条の 5 第 1 項第 1 号）がなされた場合が特に重要です。この場合に，再度検察官が不起訴処分とし，その後検察審査会において起訴を相当と認めたときは，「起訴をすべき旨の議決」がなされます（検察審査会法 41 条の 6 第 1 項）。この場合，指定弁護士が公訴を提起することになります（検察審査会法 41 条の 10）。このように，一定の場合には不当不起訴について是正する手段が法的に用意されています。

　しかし，不当起訴の場合には，そのような法的手段がありません。そこで，公訴権濫用論が学説上主張されるに至ったのです。この理論については，先に紹介した判例⑧で最高裁もその可能性を一応認めてはいますが，その適用にあたってはきわめて慎重な態度を採っているといえるでしょう。

コラム 16「成年年齢の引下げと刑事手続」

　2022 年 4 月 1 日から日本の成年年齢は，18 歳となりました（民法 4 条を確認しましょう）。それに伴って，刑事手続においてもいくつかの重要な変更がありました。ちなみに，成年年齢の引下げについては，2015 年の公職選挙法改正において（同改正では選挙権が与えられる年齢が満 20 歳以上から満 18 歳以上の者に変更されました。），民法等の見直しが求められていたことによります。

　さて，成年年齢の引下げが刑事手続に与える影響についてですが，まずは裁判員制度に関するものが挙げられるでしょう。裁判員の参加する刑事裁判に関する法律 13 条は，「裁判員は，衆議院議員の選挙権を有する者の中から，この節の定めるところにより，選任するものとする。」と規定されています。この規定によれば，選挙権がある人であれば裁判員になる可能性があるのですが，実は先に述べた公職選挙法の改正の際に特例規定が設けられており，当分の間 18〜19 歳の者が裁判員になることができないようになっていました。しかし，2022 年 4 月 1 日に施行された少年法の改正によって，この規定が削除されたために，今後は 18 歳以上であれば裁判員になる可能性があります（もっとも，2022 年に限っては 18〜19 歳の者が裁判員になる可能性はありません。それは，毎年作成されている裁判員候補者名簿に 18〜19 歳の者が記載されていないからです。したがって，2023 年 1 月 1 日以降であれば，その可能性があるということになります）。

　影響の 2 つ目としては，少年法に関するものが挙げられます（少年法は，後述する「少年」の刑事事件に関する特別措置を規定した法律で，刑事訴訟法の特別法ということになります。）。先ほどから述べているように，今後の日本では 18 歳から大人として扱われるようになりました。しかし，少年法は，20 歳に満たない者を「少年」としています（同法 2 条 1 項）。したがって，18〜19 歳の者は民法上大人として扱われますが，少年法では 17 歳未満の者と 20 歳以上の者とは異なった取扱いを受けることとなりました（「特定少年の特例」という新たな章（62 条以下）が追加され，特例がいくつか設けられたほか，今後は特定少年と呼ばれるようになったことがわかります。）。ここですべての特例について触れることはできませんが，1 点だけ触れておきたいと思います。少年法 68 条は，いわゆる推知報道の禁止に関する特例を規定しており，「特定少年のとき犯した罪により公訴を提起された場合」には，原則として禁止されている実名や顔写真を用いた報道が可能になりました（少年法 61 条もあわせて確認してください）。このような特定少年に対する特例を設ける理由については，特定少年が社会的に責任ある主体であること，刑事司法に対する国民の理解・信頼を確保するために必要であることが国会において説明されていました。

第11章
行政法（総論）

三権のうち，行政権にかかわる法全体を行政法といいます。現在日本に存在する法律の大半は行政法としての性質を備えており，多種多様な領域が行政法として把握されます。しかし，無数に存在する行政法にも，共通の原理や構造が存在します。ここでは，その共通事項について学んでいきます。

I　行政法の基礎

① 行政法とは

『六法全書』を開いても，行政法という名前の法律を見つけることはできません。行政法とは一体何なのでしょうか。

行政法を一言で定義すれば，行政にかかわる法のすべてということになります。行政とは，立法と司法以外の全ての国家作用を指すという説が有力です（**控除説**）。具体的には，税金の徴収，各種免許（運転免許等）の付与，公営住宅事業といった私たちの生活に身近なものから，はては，宇宙や深海の探索まで実にさまざまです。

このように行政は様々な性質を有するので，なかなか実体を把握しづらいのですが，その目的や内容に着目すると，何通りかの分類が可能です。たとえば，警察や消防等の秩序行政，都市計画や経済規制等の整序行政，公共サービスや社会保障等の給付行政といった分類ができます。かつての夜警国家的な思想によれば，行政といえば秩序行政を意味していましたが，現代では整序行政や給付行政の重要性も高まっています。

どのような行政にせよ，実施主体となるのは多くの場合，国や地方公共団体（自治体）です。したがって，とりあえず国や自治体が関係する法，すなわち国家権力の一種である行政権についての法が行政法だと思ってください。行政

法では，国や自治体のような存在のことを**行政主体**と呼びます。ほかにも独立行政法人や国立大学法人等が行政主体の例として挙げられますが，さしあたり行政主体といえば国や自治体のことを指すと考えて差し支えありません。

　行政主体が従うべき最重要の法として憲法が挙げられますが，憲法は抽象的な条文も多いため，その細部は行政法によって具体化されるといえます。また，行政法と法律科目の代表例である民法とを対比すると，民法では，民間人や民間企業等の国民（私人）同士の法律関係について学びますが，行政法では，主として私人と行政主体間の関係について学ぶことになります。

② 「犬も歩けば行政法に当たる」

　日本には現在2,000近い法律が存在していますが，それらの多くは行政法に属するといえます。食品衛生法，道路交通法，建築基準法，動物愛護法等々，報道でしばしば見かける法律の多くは行政法です。行政法がカバーする領域はとても広く，「犬も歩けば行政法に当たる」とも言われています（さまざまな文献で登場する表現ですが，たとえば，阿部泰隆『行政法再入門（上）〔第2版〕』（信山社，2016年）はしがき（5）頁参照）。

　行政法がそれほど広範囲に及ぶのであれば，どのように勉強したらよいのか途方に暮れそうですが，行政法に属する法律や実際の行政活動には，共通する原則や仕組みが存在します。本書や大学の講義では，それらを学んでいきます。

③ 行政法の法源

　法源とは法の存在形式のことです（第1章Ⅱも参照）。行政法というときの「法」とはいったい何であるかということです。行政法以外の法律科目では，科目の名前そのものの法律が存在するため（民法学なら民法，刑法学なら刑法），あまり法源について詳細に語られることはないかもしれませんが，行政法には単一の法律がないということもあり，最初に法源が語られることが多いでしょう。

　行政法の法源には，**成文法源**と**不文法源**があります。

(1) 成文法源

　成文法源は，「第1条○○，第2条○○」というような形式を備えた法源のことです。わが国では，成文法源がメインであり，具体的には，憲法，法律，命令（行政機関が定める法律のような形をしたルールのことで，後に述べる行政立

162

法の一種），条例，条約があります。

　これらのうち最も馴染みがあるのはやはり法律でしょうか。行政法に属する法律は多数存在しますが，その基本構造はほぼ同じです。まず，総則や目的について定めを置き，次いで「誰が何をする」（「できる」，または「しなければならない」）かについて定めるというのがよくあるパターンです。ほかにも，必要に応じて定義規定や罰則規定が置かれることあります。

　医師法を例に見てみましょう。同法は，1条で医師の基本的な意義や役割（公衆衛生の向上及び増進による国民の健康な生活の確保）を定め，その実現のために，たとえば医師になるには厚生労働大臣の免許が必要である旨（医師法2条）や，厚生労働大臣による一定の場合の医師免許取消しや業務停止等を定めています（医師法7条1項，2項）。

目　　　的：医師による公衆衛生の向上及び増進のため
誰　　　が：厚生労働大臣が
何をする：免許を付与する，免許を剥奪する，業務停止命令をする，etc

---

(2)　不 文 法 源

　成文法源だけでは妥当な結論が得られない場合，補完的に不文法源が参照されます。具体的には，判例法，条理等が挙げられます。法律をはじめとする成文法源だけが行政「法」ではないということです。ただし，あくまでもメインは成文法源です。

４　法律による行政の原理

　国家権力の一種である行政権は，国民の生活に直接影響を与えます。そこで，国民の代表である国会が行政権の使い方を決められるように，また，行政権が暴走しないように，**法律による行政の原理**という考え方が生まれました。この原理は以下の3つの内容から成ります。

・法律の法規創造力の原則：国民の権利義務に関する決まりは法律でしか作れない。
・法律の優位の原則：行政活動は法律に反してはならない。
・法律の留保の原則：行政活動は法律に基づかねばならない。

ここで問題となるのが，特に法律の留保に関して，あらゆる行政活動に法律の根拠が必要かということです。行政の範囲は広大ですから，全てを法律で定めるのは困難にも思えます。また，法律を作るのにも時間が掛かるので，あまりにも厳格に法律の根拠を求め過ぎると，機動的な行政活動が行えず，かえって国民にとってよくないこともあるかもしれません。

法律の留保をどう考えるべきかについてはさまざまな説があります。伝統的には，国民の自由に介入して権利を制限したり義務を課したりするためには法律の根拠が必要だと考えられてきました。このような考え方を**侵害留保説**といいます。

例えば，憲法上，国民には職業選択の自由が認められていますが，先に挙げた医師法は，医師になるには厚生労働大臣の免許が必要だと定めています（医師法2条）。誰でも自由に医師になれるのは社会的に好ましくないため，法律が厚生労働大臣に免許権限を与えることで，国民の職業選択の自由に一定の制約を課しているわけです。このような法律や条例の根拠なしに，厚生労働大臣が国民に対して「医師をやりたければ私の許可を得なさい」と命ずることはできません。

法というと，国民が守るべきものという印象をお持ちの方もおられるかもしれません。確かに，一定の職業に就きたい国民は厚生労働大臣の許可を得る必要があるというように，行政法にもそのような側面があります。しかし，それ以上に，法律の根拠なしに行政の担い手が好き勝手行動してはならないというように，行政権という国家権力を担う者が従わねばならないルールという側面が強調されるのが行政法の特徴です。

なお，侵害留保説によると，補助金交付のように国民の権利を侵害せず，専ら利益を付与する行政活動については，法律の根拠が不要とも解されます。しかし，こういった授益的な活動についても，法律の根拠が必要だという説も存在します。どこまで行政活動を法律によってコントロールすべきか，是非考えてみてください。

Ⅱ　行　政　組　織

1　行政主体と行政機関

誰が行政活動を担うのかに焦点を当てる分野を行政組織法といいます。国や

自治体が**行政主体**であることについては冒頭で述べました。しかし，国や自治体は人（自然人）ではないため，動くことも話すこともできません。そこで，行政主体のために実際に動いたり話したりする組織や人が必要になります。これが**行政機関**です。

　少しややこしいのですが，行政機関には２通りの定義の仕方があります。１つは，厚生労働省や文部科学省等のいわゆる省庁を指して行政機関ということがあります。国家行政組織法という法律は行政機関をこのように定めています（法律上の行政機関）。これは，具体的な事務を配分される組織全体を１つの単位として行政機関を定義する方法です。

　もう１つは，組織全体ではなく，行政主体のために活動する１人又は複数の自然人を行政機関として定義することがあります（講学上の行政機関）。講学上の行政機関は，その働きにより，さらに**行政庁**や補助機関等に分けることができます。以下では，講学上の行政機関の分類について説明します。

② 行政庁と補助機関

(1) 行　政　庁

行政庁は，行政主体のために意思表示を行う行政機関です。言い換えれば，行政主体と私人の間の権利義務関係に変動をもたらす（許可をしたり営業停止命令をしたりする）権限を与えられた行政機関です。

　行政庁の代表例は各府省庁の大臣，都道府県知事，市町村長，各委員会等です。このうち，大臣，知事，市町村長等，１人の自然人が意思表示を行う行政庁を**独任制の行政庁**といい，委員会等の複数人で意思表示を行う行政庁は**合議制の行政庁**といいます。

(2) 補　助　機　関

　行政庁以外の行政機関を**補助機関**といいます。大臣や知事のような行政庁だけでは膨大な行政活動のすべてをこなせません。厚生労働大臣は医師免許を付与する権限を有していますが，厚生労働大臣が役所の窓口に座って医師免許希望者１人ひとりに対応するわけではありません。一つの仕事が完結するには，副大臣から新人職員に至るまで，多くの人の仕事が介在します。これらの人々は全て補助機関として位置付けられます。将来公務員になりたいという学生も多いと思いますが，大半の公務員は補助機関です。

━━━━━ Ⅲ　行　政　作　用 ━━━━━

　行政の働きや動きのことを行政作用といい，これに焦点を当てる領域を行政作用法と呼びます。世の中に存在する法律の大多数は行政法であると述べましたが，その多くは，誰がどのような行政作用を行うかについて定めています。行政法の中心は行政作用法であるといっても過言ではありません。

　行政作用には，行政行為，行政立法，行政指導，行政契約，行政計画等々，様々な作用がありますが，ここでは行政行為，行政立法，行政指導の3つについて説明します。

1　行 政 行 為

(1)　行政行為とは

　行政作用と行政行為は同じ意味に見えるかもしれませんが，行政行為は行政作用の一種です。行政作用のうち，行政庁が**私人の権利義務を具体的に形成**するものを行政行為と呼びます。行政行為はこのような意味を持った行政法学上の四文字熟語の専門用語です。行政作用を行政の作用と言い換えても間違いではありませんが，行政行為を行政の行為と言い換えるのは不適切です。行政行為という概念を理解することは行政法全体を見通すうえでも重要です。行政法に属する法律の多くは，さまざまな行政行為を駆使してそれぞれの法律の目的を果たそうとしています。

　行政行為には何通りかの分類があります。代表的なものは以下の通りです。

---

　① 許　　可

　本来自由な行為をとりあえず法律により一般的に禁止しておき，要件を満たす場合にその禁止を個別に解除することです（本来的自由の回復）。

　先ほど例で挙げた医師免許の付与（医師法2条）や運転免許の付与（道路交通法84条1項）等の各種免許の付与のほか，飲食店営業許可（食品衛生法55条1項）等も許可の一種です。

　② 禁　　止

　一定の行為をしてはならないよう命じることです。たとえば，業務停止命令という形で現れることも多いです。医師に対する業務停止命令（医師

法7条1項2号）や飲食店に対する業務停止命令（食品衛生法60条，61条）
等があります。

　③　下　命

　一定の行為をするよう命じることです。たとえば，食品衛生上の危険に
対応するために営業者に対して出される廃棄命令や危害除去措置命令（食
品衛生法59条1項）等です。報道でしばしば耳にする業務改善命令も下命
に含まれます。

　行政行為のことを「**行政処分**」，あるいは単に「**処分**」と呼ぶこともありま
す。処分というと，不利益を与えるものという印象があるかもしれません。し
かし，私人にとって利益となる「許可」も「処分」に含まれますので，必ずし
も処分＝不利益ではありません。

　行政行為は，まさに公権力（行政権）の行使の典型例であり，法律による行
政の原理の要請を強く受けます。そのため，行政行為には法律の根拠が必要に
なります。

(2)　行政行為の効力

　行政行為は，それを受けた私人との関係で，特別な効力を発生させます。そ
れが**公定力**や**不可争力**といった効力です。

　公定力は，裁判所や行政庁が取り消さない限りは，たとえ当該行政行為が
誤ったものであったとしても，有効なものとして扱われるという効力です（最
近では，そもそもそのような効力が本当に存在するのかについて疑問も呈されてい
ますが，ここでは伝統的な説明に則ります）。

　不可争力は，一定期間（6か月や1年）経過すると，たとえ当該行政行為が
誤ったものであったとしても，もはや当該行政行為について私人の側から取消
しを求めることができなくなるという効力です。

　公定力や不可争力は，当該行政行為が誤っていたとしても（法律による行政
の原理違反があっても）生じるという点に特徴があります。誤った行政行為の
効力を失わせるためには，私人の方から裁判所や行政庁に取消しを求めて働き
かける方法（12章の行政救済法で扱います）と，行政庁が自らの判断で取り消
す方法があります。後者は，理論上，**職権取消し**と**撤回**に分類されます。職権
取消しは，行政行為が最初から誤っていた場合になされ，撤回は，後発的事情

により行政行為を維持できなくなった場合になされます。

　たとえば，各種免許を得るためには様々な要件（年齢，試験への合格等）があります。要件を満たさなければ，行政庁は免許を付与してはいけませんが，何らかの理由により，要件を満たさないのに行政庁が免許を付与してしまうことがあります。このような場合に，行政庁が自ら誤りを認めて行政行為を取り消すのが職権取消しです。これに対し，免許の付与自体は適切に行われたものの，免許を得た者がその後に法律に反する行為（たとえば運転免許であれば，交通違反）をした場合等，事後的に生じた事由により行政行為を取り消すのが撤回です。もっとも，実務上はどちらも「取消し」の語が使われることが多いので，職権取消しと撤回は理論上の区分です。

(3)　無効な行政行為

　以上で述べたように，行政行為は基本的に有効なものとして扱われます。ただし，あまりにも当該行政行為の誤り方がひどい場合は，その行政行為は完全に**無効**なものとして，裁判所や行政庁が取り消すまでもなく，最初から公定力も不可争力も生じません。

　どのような場合に行政行為が無効となるかについては，幾つかの説があります。さしあたり，**重大かつ明白な瑕疵**（誤り）があれば，行政行為は無効になると考えられます。どのような場合に重大性・明白性が認められるかについては，判例で確認してください。

(4)　行政行為の必要性

　ここで少し考えてほしいのが，なぜ行政行為が必要なのかということです。ここでは許可に焦点を当てて考えてみましょう。

　仮に医師になるのに免許が不要だった場合，正確な知識と技術を持たない医者が現れそうですが，そのせいで患者に損害を与えた医者は民法上の損害賠償責任を負いますし，刑法による処罰も受けます。このように，民法や刑法で対処できるのであれば，行政法による許可は不要でしょうか。

　民法や刑法は，被害発生後の対処がメインになります。これに対して，行政法は，被害が発生すること自体を防ぐために，許可制にすることで能力のある人のみに許可を与えようとしています。この事前規制による被害発生の防止は行政法の特徴の1つといえます。

2　行政立法

(1)　行政立法とは

　立法といえば通常は議会による法律の制定行為を指しますが，行政も法律の枠内で法律類似のルールを制定することができます。これが行政立法です。行政立法は，理論上，私人の権利義務に関する**法規命令**と行政組織の内部規則である**行政規則**に分けることができます。

(2)　法 規 命 令

　法規命令の代表例として，内閣が制定する**政令**や各省が制定する**省令**があります。政令や省令は法律と同じく成文法源の一種であり，「１条○○，２条○○，……」という形になっていて，見た目は法律とほとんど変わりません。政令は**施行令**，省令は**施行規則**という形で制定されることが多いです。

　たとえば，医師法４条１号は，「心身の障害により医師の業務を適正に行うことができない者として厚生労働省令で定めるもの」（下線は筆者）について，医師免許を与えないことがあると定めています。そして，厚生労働省令である医師法施行規則１条は，「医師法…第４条第１号の厚生労働省令で定める者は，視覚，聴覚，音声機能若しくは言語機能又は精神の機能の障害により医師の業務を適正に行うに当たつて必要な認知，判断及び意思疎通を適切に行うことができない者とする」と定めています。

　他の例を挙げると，道路交通法４条４項は「信号機の表示する信号の意味その他信号機について必要な事項は，政令で定める」（下線は筆者）として，道路交通法施行令２条１項で青黄赤等それぞれの信号の意味を定めています。従って，赤信号で止まらないといけないということは，法律ではなく，行政立法で決められたことです。

　このように，法律で抽象的なことのみを定め，具体的な中身は行政立法で定めるという例はたくさんあります。法律の委任を受けて制定される法規命令を**委任命令**と呼びます。

　なお，政令や省令を見てみると，権利義務の具体的中身というより，必要書類等の細目を定めた規定もあります。このような法規命令は執行命令と呼ばれます。

(3) 法律による行政の原理と委任命令の関係

法律による行政の原理の考え方からすると，なるべく細かいところまで法律で定める方が良さそうに思われるかもしれません。しかし，数も限られ任期もある国会議員よりも，いわば現場で働く行政職員の方が，専門的・技術的なことを知っているということもあり，委任命令は多用されています。

委任命令は国会で議決する必要がなく，行政単独で制定することができます。そのため，社会の変化や新技術の登場に合わせて，法律よりも柔軟に改正できるという特徴があります。

もっとも，国会は，完全に委任命令に丸投げ（**白紙委任**）することはできず，最低限のことは法律で定める必要があります。また，行政の方も，委任された範囲を超えて委任命令を制定することはできません。どこまで法律が委任しているのか，実際に制定された委任命令は委任の範囲を超えていないかということは，しばしば問題となり，裁判で争われることもあります。

(4) 行 政 規 則

行政規則は様々な形式で存在していますが，代表的なものを挙げれば，訓令，通達，要綱等があります。形式的には，法規命令のように第1条，第2条……というようになっておらず，通常の文章のようになっているものもあります。いわば，行政の仕事マニュアルのようなものです。公開を義務付けられているものもありますが，非公開のものもあります。

行政規則は，法規命令とは異なり，私人や裁判所を拘束するものではありません。従って，法律の根拠は不要で，必要に応じて定めることができます。

3 行 政 指 導

(1) 行政指導とは

行政行為や法規命令は，行政の一方的判断により私人の権利義務に対して影響を及ぼします。そのため，常に法律の根拠を意識しておく必要があります。これに対し，法律の根拠を厳格に要せず，かつ私人を直接拘束しない緩やかな行政作用もあります。その代表例が行政指導です。行政指導とは，簡潔にいえば，行政からのお願いのことです。

たとえば，マンション建設を巡り，建設業者と地域住民が対立することがあります。この場合，法律の根拠がなければ，行政庁は建設業者に対して禁止や

下命等の行政行為により強制的に建設を中止させたり設計の変更を命じたりすることはできません。しかし，建設中止や設計変更を「お願い」することはできます。これが行政指導です。行政指導はあくまでもお願いなので，行政指導に従う義務はありません。従うかどうかは建設業者の任意です。

　行政指導には必ずしも法律の根拠は必要ありませんが，法律の根拠を有する行政指導も多数存在します。その場合，「指導」や「勧告」という文言が使われることが多いです。

　わが国の行政は，行政指導を多用することが知られています。強制力を伴う行政行為ができるときでも，まずは行政指導によって相手の出方を窺うことも多いようです。

━━━　Ⅳ　行 政 手 続　━━━

　ここまで見てきた行政作用は，何の前触れもなくいきなり私人の前に現れるのではなく，さまざまな手続を経てから生じます。以前はこのあたりが不透明だったのですが，1993 年に**行政手続法**が制定され，行政作用の手続やルールが定められました。複雑化する現代社会では，行政内部での判断過程がブラックボックス化してしまう可能性があります。適切な行政作用を担保するために，手続きをきちんと定めて行政庁にその手続きを踏ませることは非常に重要です。

　なお，行政手続法は主に国を対象とした法律ですが，各自治体もほぼ同内容の行政手続条例を制定しています。

❶　行政行為に関する行政手続

（1）　申請に対する処分

　国民が自らの利益となる処分をするよう行政庁に求める行為のことを**申請**と呼びます（行政手続法 2 条 3 号）。典型的には，行政庁に許可（医師免許や運転免許等）を求める行為が該当します。

　行政庁は，国民からの申請に応じて許可・不許可を決定するわけですが，その判断の基準となる**審査基準**（行政規則の一種）を事前に作って公表しておく必要があります（行政手続法 5 条 1 項〜 3 項）。申請を拒否して不許可（＝申請拒否処分，不許可処分）にする場合，必ず**理由の提示**をしないといけません（行政手続法 8 条 1 項）。

171

(2) 不利益処分

　行政庁が国民に義務を課したり，権利を制限する処分を不利益処分といいます（行政手続法2条4号）。典型的には許可取消処分，業務改善命令，業務停止命令等が該当します。

　行政庁は，不利益処分をするか否かを決するための**処分基準**を作成し，公にするように努めなければならないとされています（行政手続法12条1項）。審査基準と違い，処分基準の設定・公表は努力義務です。**理由の提示**が必須であることは，申請を拒否する処分と同様です（行政手続法14条1項）。

　不利益処分独自の手続として，**聴聞**又は弁明の機会の付与があります。不利益処分の前に，相手方や関係者には意見を述べる機会が与えられます。ある種の裁判のようなことが行政によって行われるイメージです（もちろん，これは事前手続なので，実際に不利益処分を受けた国民は，その取消しを求めて裁判所で本当の裁判をすることができます）。営業許可の取消しや業務停止命令は事業者にとって死活問題となるため，このような慎重な手続きを通じて判断がなされます。

2 行政立法に関する行政手続

　法規命令，審査基準，処分基準等について，予め当該行政立法の案を公開して，広く国民からの意見を募るよう定められています（行政手続法39条1項）。これを**意見公募手続（パブリックコメント）**といいます。意見公募期間は，最低30日以上と定められています（行政手続法39条3項）。

3 行政指導に関する行政手続

　いくら行政指導に従うか否かは私人の任意であるとはいっても，行政庁と私人との力関係その他の要因により，現実には行政指導に従わないのは困難であるとの指摘がされてきました。そこで，行政手続法は，行政指導の一般原則として，行政指導はあくまでも相手方の任意の協力によってのみ実現されること（行政手続法32条1項），及び行政指導に従わなかったことによる不利益扱いの禁止（行政手続法32条2項）を明確に示しています。

　ほかにも，執拗に申請を取り下げるよう求める行政指導（行政手続法33条）や，許認可権限をちらつかせて行政指導に従わせること（行政手続法34条）等が禁止されています。

Ｖ　重要判例紹介

① 浦安ヨット事件──最二判平成 3 年 3 月 8 日（行政Ⅰ・98）
   私人の財産権を侵害する行政活動には，法令の根拠が必要であるとした事例。

② 最一判平成 25 年 12 月 19 日（行政Ⅰ・3）
   国立大学は，「国または地方公共団体」に準じるとされた事例。

③ 大田区ごみ焼却場設置事件──最一判昭和 39 年 10 月 29 日（行政Ⅱ・143）
   ごみ焼却場設置は，直接私人の権利義務を形成しまたはその範囲を確定する
   ものではないため，行政処分ではないとされた事例。

④ 最三判昭和 34 年 9 月 22 日（行政Ⅰ・79）
   行政行為が無効となる基準を示した事例。

⑤ 旧監獄法事件──最三判平成 3 年 7 月 9 日（行政Ⅰ・45）
   監獄法施行規則で 14 歳未満の者と在監者の接見を禁じたことは，監獄法の委
   任の範囲を超えるとされた事例。

⑥ 墓地埋葬法通達事件──最三判昭和 43 年 12 月 24 日（行政Ⅰ・52）
   通達は行政組織内部の命令に過ぎず，私人や裁判所はこれに拘束されないと
   された事例。

⑦ 武蔵野マンション事件──最一判平成 5 年 2 月 18 日（行政Ⅰ・95）
   行政指導として任意に寄付金を求めることは可能だが，それが事実上の強制
   に当たる場合は，行政指導の限界を超えて違法であるとされた事例。

⑧ 個人タクシー事件──最一判昭和 46 年 10 月 28 日（行政Ⅰ・114）
   個人タクシー事業免許申請の許否を決する手続において，行政庁は法律の趣
   旨を具体化した審査基準を設定しなければならないとされた事例。

コラム 17 「改めて，『行政』とは？」

　司法と立法以外の国家作用を行政と定義する場合，行政の中身はかなり曖昧です。行政に明確な定義を与えようとする試みは以前からありますが，どうにもうまく定義できません。

　本文でも述べたとおり，行政法には，行政活動は法律に則って行われなければならないという，法律による行政の原理があります。裏を返せば，行政に形を与えるのは法律ということになります。そうすると，法律が変われば，行政の具体的な在り方もそれにつれて変容することになりそうです。言い換えれば，行政は必ずしも不変の形を備えたものではなく，社会や時代とともに変化していく可能性があります。行政法とは，法を通して行政とは何かを考える学問だという見方もできるかもしれません。

　行政とは何かを考えるときに，伝統的にキーワードとされてきたのが「公」と「私」です。最近よく規制緩和や民営化といったワードを耳にします。これらが意味するのは，行政機関によるコントロール（許可や禁止等）が廃止・緩和されたり，それまで行政機関が担っていた仕事やサービスが民間に開放・移譲されたりするということです。つまり，規制緩和や民営化というのは，従来「公」が担当していてた領域について，「私」の領域に変えたり，「私」の領域を増やしたりするということです。近年では電力自由化や水道事業民営化等が規制緩和や民営化の例として挙げられます。

　逆に，規制強化や国公営化により，従来「私」だった領域に「公」が介入してくることもあります。こちらの例としては各種の営業規制強化や私立大学・私鉄の公営化等が挙げられるでしょうか。

　いったい，「私」に任せてよい領域と，「公」が介入すべき領域の線引きはどのようにすればよいのでしょうか。そもそも単純な線引きは可能でしょうか。行政法はややもすると細かい話になりがちですが，このような国家の在り方に関する根本的な問いについても関心を持って欲しいと思います。

第12章
行政法（救済法）

　私人と私人の間で権利義務の関係が発生するのと同じように，行政と私人の間でも権利義務の関係が発生します。しかし，前者と後者とは，その成立や実現の場面で異なった扱いを受ける場合があります。本章では，行政が私人に対して負う義務を履行しない場合や，私人が行政に対して有する権利が侵害された場合に，私人が救済を受けることができる救済の方法と内容を学びます。

I　概　要

　行政の活動によって私人の権利利益が侵害された場合の救済について定めている法のグループを**行政救済法**と呼ぶこととします。行政救済法には，**国家補償**と**行政争訟**という2つの柱があります。国家補償は，行政の活動によって私人が被った不利益を金銭的に埋め合わせる制度です。行政争訟は，違法・不当な行政の活動によって発生した不正な法律関係を，正しい法律関係へと改めるための制度です（私人に違法に課せられた義務を消滅させるなど）。

　国家補償のなかには，**国家賠償**と**損失補償**があります。国家賠償は，行政の違法な活動によって生じた不利益（損害）を金銭的に埋め合わせる制度です。損失補償は，行政の適法な活動によって生じた不利益（損失）を金銭的に埋め合わせる制度です。損害と損失という言葉は，発生した不利益の原因となった行為が違法なものか適法なものかということによって区別されて用いられます。

　行政争訟のなかには，**行政不服審査**と**行政事件訴訟**があります。行政不服審査は，行政の活動を行政自身にチェックしてもらう制度です。行政事件訴訟は，行政の活動を裁判所にチェックしてもらう制度です。誰にチェックを求めるのかによって区別することができます。

国家補償　→　国家賠償　　　　　行政争訟　→　行政不服審査
　　　　　　　損失補償　　　　　　　　　　　　行政事件訴訟

━━━━━ II　国　家　補　償 ━━━━━

1 国 家 賠 償

(1) 賠償が認められるための要件

　日本国憲法（以下「憲法」といいます）17条は，公務員の不法行為によって
損害を受けた場合の賠償について定めています（ここには，国家賠償という言葉
は出てきません）。そのもとで国家賠償法（以下「国賠法」といいます）という法
律が，国家賠償という法制度を定めています。国賠法1条1項を各自で読んで
確かめてください。国賠法1条1項によって国や公共団体に損害賠償責任が発
生する（言い換えれば，損害を受けた私人に損害賠償請求権が発生する）ための要
件は次のとおりです。すなわち，①加害者が国又は公共団体の公権力の行使に
当たる公務員であること，②加害者が職務を行うについて行った行為であるこ
と（**職務行為関連性**），③加害者に故意又は過失があること，④加害者の行為と
被害者の損害発生の間に因果関係があること，⑤加害者の行為が違法なもので
あること，⑥被害者に損害が発生していること，これらの6つの要件が満たさ
れることによって損害賠償請求権が発生します。
　ここでは特に，①②⑤の要件について解説します。

(2) 「公権力の行使」とは何か？（①の要件）

　何をもって国賠法1条1項にいう「公権力の行使」というかについては，3
つの見解（狭義説，広義説，最広義説）が存在します。狭義説は，国や地方公共
団体の活動のうちで，人に義務を課したり人の権利を制限したりするような強
制力を持つ行為に限って公権力の行使と認める見解です。広義説は，私人が普
通に行っている売買などのような行為（私経済作用）と営造物の設置管理行為
（これについては国賠法2条で別途損害賠償の対象になっています。）は公権力の行
使に含めず，それら以外の国や地方公共団体の活動については広く公権力の行
使要件として認める見解です。最広義説は，私経済作用も公権力の行使のなか
に含める見解です。オーソドックスな見解は広義説です。しかし，現実に起こ

る事件に広義説を当てはめようとしても，公権力の行使といえるのかどうか微妙な場合があります。

　市の職員が節税について間違った行政指導（ぎょうせいしどう）（アドバイスや情報提供をイメージしてみてください）をしてしまったことによって，その行政指導に従って行動した私人に不利益を発生させてしまった事件についての判決があります（最三小判平成22年4月20日（LEX/DB 文献番号 25442119））。この判決は，このような行政指導が公権力の行使に当たることを前提として，違法な公権力の行使であったと判断しました。行政指導というものは，強制力を持ちません。行政指導に従うかどうかは人の自由です（行政手続法32条参照）。このことは，本書の170頁で学んだと思います。したがって，狭義説によれば公権力の行使ではないということになるはずです。最高裁がこうした行政指導も公権力の行使に当たると考えているということは，最高裁は狭義説を採用していないことを暗示しています。

　当時の国立病院で輸血を受けた人が梅毒（ばいどく）に罹患（りかん）したことによって，その人に不利益が発生した事件についての判決があります（最一小判昭和36年2月16日（LEX/DB 文献番号 27002346））。この判決では，国賠法ではなく民法709条の適用によって損害賠償が認められています。このことは，最高裁が最広義説を採用していないことを暗示しています。国立病院の医師の行為ですから，公務員の行為といえます。しかし，公務員の行為だからといって当然に公権力の行使だということにはなりません。というのも，医師の行う医療行為は，私立病院であろうと国立病院であろうと大きな違いはありません。国立病院の医師の行う医療行為も，私立病院の場合と同じような性質を持つものだから，公権力の行使とは言い難い面があるといえます（もっとも，具体的に考えると医療行為にも様々なものがありますから，全てのタイプの医療行為を十把一絡げにして公権力の行使に当たらないと考えるべきではありません（この点については，宇賀克也『行政法概説Ⅱ［第7版］』（有斐閣，2021年）440頁参照）。上記の昭和36年最判も，具体的な事件との関連で民法709条を適用したものです）。

(3)　「職務を行うについて」の意味（②の要件）

　職務行為関連性については，非番中（ひばん）の警察官が勝手に制服制帽（せいふくせいぼう）を着用して拳銃を携帯し，私人に対して所持品検査などを行った上で現金などを持ち逃げしようとし，私人に対して拳銃を発砲して怪我（けが）を負わせた事件についての判決が

あります（最二小判昭和31年11月30日（行政Ⅱ・223））。この判決は，公務員が職務執行の権限を行使するつもりでした行為でなくとも，客観的に職務執行の外形をそなえる行為であるといえるような場合には職務行為関連性が認められるとしています。最高裁のこの立場は，外形標準説（がいけいひょうじゅんせつ）と呼ばれます。一般人の目から見ると，公務員がどのようなつもりで権限を行使しているのかということを見分けることはできません。一般人が見分けられないような事情で職務行為関連性が認められるかどうかが左右されるのも不合理です。したがって，最高裁が外形標準説を採用したのは合理的といえます。

（4）　違法とは何か？（⑤の要件）

　一般的に，違法とは"法に違（たが）える"という意味です。ここにいう"法"とは，諸々のルール（そのなかには，憲法や法律のようにその内容が条文の形になっているものもあれば，条理や信義則のようにその内容が条文の形になっていないものもあります）のことを指しています。国賠法上の違法は，一般的な意味での違法と異なった独特の意味を持っています。これは非常に大きなテーマであり，本稿の限られたスペースで十分に論じることはできません。ここでは，国賠法上の違法について，大まかな考え方を説明するにとどめます。

　国賠法の違法については，さまざまな見解がありますが，大別して3つの見解（結果不法説，行為不法説，相関関係説）に分類できます。結果不法説は，法益（ほうえき）侵害をとらえて違法性の有無を判断するべきだという見解です。行為不法説は，侵害行為の態様をとらえて違法性の有無を判断するべきだという見解です。相関関係説は，被侵害法益と侵害行為態様の両方を相関させて違法性の有無を判断するべきだという見解です。一般的に最高裁がどの説を採用しているというようなことを一概にいうことはできませんが，行為不法説がベースになっていると考えてよいでしょう。

　税務署長が私人の所得金額を過大に認定して所得税の更正をした事件についての判決があります（最一小判平成5年3月11日（行政Ⅱ・213））。この判決は，「職務上通常尽くすべき注意義務を尽くすことなく漫然（まんぜん）と更正（こうせい）をしたと認め得るような事情がある場合に限り」国賠法上の違法が認められるとしています。「職務上通常尽（つ）くすべき注意義務」というものが存在し，行為態様がそれに違反したものといえるかどうかを問題としているという意味では，行為不法説らしき判断をしているといえます。このフレーズを捉えて，職務行為基準説（しょくむこういきじゅんせつ）など

と呼ばれることがありますが，最高裁が一貫してこの職務行為基準説のフレーズを利用しているわけでもありません。

　私人が水俣病（みなまたびょう）として認定するよう申請したのに対して，県知事がこの申請を長期間放置してしまった事件についての判決があります（最二小判平成3年4月26日（行政Ⅱ・212））。この判決は，申請に対する対応が遅れることによって申請者が内心の静穏（せいおん）な感情を害されるような結果を回避すべき「条理上の作為義務（じょうり）」を行政は負っていて，この作為義務に違反した場合に国賠法上違法となるとしています。条理という一種の法から，行政にとっての義務が導かれて，行政がその義務に違反するような行動をとったことをとらえて違法と考えているといえます。

❷　損失補償

　憲法29条3項は，「私有財産は，正当な補償の下に，これを公共のために用ひることができる」と定めています。たとえば，公共施設を作るために私人の所有している土地が必要になることがあります。その場合，代償としてお金を支払ったうえでその人の土地所有権を剥奪して，土地を公共のために利用することが考えられます。このように，公共の福祉のために（国民全体のために）特定の人間が不利益を被ることがあり，それに伴う不公平を解消するために金銭的に埋め合わせるというのが損失補償のそもそもの趣旨です。このような，特定の人間に生じる不利益のことを**特別の犠牲（とくべつ・ぎせい）**といいます。特別の犠牲に対する代償措置として設けられているのが損失補償です。

　国家賠償については行政分野一般について用いることのできる国家賠償法があります。これに対して，損失補償については，憲法レベルでは損失補償の基本的な考え方を示している憲法29条3項がありますが，法律レベルでは“損失補償法”などという法律はありません。土地収用法や消防法など，個別の法律のなかに損失補償についての規定が設けられているだけです。そうすると，損失補償を定める規定が法律のなかに存在しない分野ではどうなるのかが問題となります。法律に規定されていない場合でも，特別の犠牲が発生しているのであれば，憲法29条3項を直接の根拠として損失補償を請求することができるというのが通説であり（宇賀・前掲書530頁［第7版］），最高裁判決からもそのような理解を見出すことができます（最大判昭和43年11月27日（行政Ⅱ・247））。

Ⅲ　行 政 争 訟

❶　行政不服審査

⑴　概　　要

　行政不服審査法（以下「行審法」といいます）が行政不服審査について定めています。行審法は，国民の権利利益の救済を図ることと行政の適正な運営を確保することを目的としています（行審法1条1項）。行審法に基づいて，「行政庁の処分その他公権力の行使に当たる行為」（行審法1条2項はこれを「処分」と呼ぶこととしています。）に関して不服申立てをすることができます。処分というのは，行政不服審査と行政事件訴訟で共通して登場する専門用語です。日常用語とは異なる意味を持っているので，しっかりと理解しておかなければなりません。しかし，処分については主に行政事件訴訟のなかで様々な議論がなされていますので，後で詳しく解説することにします。気になる人は，先に本書182頁を読んでみてください。

　行審法は，2014年に大きな改正が行われました。以下では現行法の特徴について説明しますが，旧法についても知りたい人はより詳しい教科書を読んでみてください。

⑵　現行法の特徴

（ⅰ）　不服申立の方法

　行審法に定められている主たる不服申立は**審査請求**というものです。審査請求は，既に行われた処分の内容に不服がある場合にはその処分についてすることになり，処分をするよう求めたにもかかわらず放置されているような場合（このような放置されている状態のことを「不作為」といいます）にはその不作為についてすることになります。審査請求は，行審法やそれ以外の法律で審査庁として定められた行政庁に対してする不服申立てです。審査庁には，処分をした行政庁（以下「処分庁」といいます）に上級行政庁がない場合には処分庁自身がなり，処分庁に上級行政庁がある場合には最上級行政庁がなるのが原則です（行審法4条）。この原則について，市の場合を例にとって説明します。市長が処分をした場合，市長には上級行政庁がないため市長自身が審査庁になります。市長の監督下にある行政機関（たとえば市の福祉事務所長など）が処分をした場

合，最上級行政庁は市長になります。したがって，法律に特別の規定がなければ市長が審査庁になります。以上は原則であり，例外的に行審法以外の法律で特別に審査会などが設けられて審査庁とされることもあります（たとえば，建築基準法94条では，建築審査会が審査庁として位置付けられています）。審査庁は，審査請求に対応して**裁決**を行います。審査請求の方式が間違っているような場合には却下，審査請求に理由がない場合には棄却，審査請求に理由がある場合には原則として認容の裁決を行います（行審法45条及び46条）。

(ⅱ)　審理手続をリードする審理員

審査請求が行われて最終的に裁決が行われるまでの間に実際に審理手続を行うのは**審理員**です。上述のように，処分庁自身が審査庁になる場合がありますから，処分庁にとって有利な審理が行われる可能性があります。そこで，審査の対象となっている処分に関係していない者が審理員として審理手続を行うことによって，手続の公正性を確保しようというのが行審法の趣旨です。

(ⅲ)　審査請求はいつまですることができるのか？

処分についての審査請求については，**審査請求期間**というものが設けられています（行審法18条）。すなわち，処分があったことを知った日の翌日から起算して3か月以内（主観的審査請求期間），なおかつ処分があった日の翌日から起算して1年以内（客観的審査請求期間）にしなければなりません。この主観的審査請求期間と客観的審査請求期間が両方ともかかりますから，どちらか一方でも経過してしまうと，原則的に審査請求をすることができなくなってしまいます。

例外的に，主観的審査請求期間についても客観的審査請求期間についても，期間を過ぎてしまったことについて正当な理由があるときは審査請求をすることができます。たとえば，処分庁が間違った審査請求期間をアナウンスしてしまったために，審査請求をするのが遅れてしまったような場合には正当な理由があるといえるでしょう。

(ⅳ)　第三者によるチェックの体制

第三者機関として，「行政不服審査会等」というものがあります（行審法第5章）。なぜ「等」がついているかというと，国には行政不服審査会という名前の組織が設けられていますが（行審法67条），地方公共団体には必ずしもそれ

と同じ名前の組織を設ける必要がないためです（行審法 81 条）。

　注意が必要なのは，行審法のもとでの行政不服審査会等の役割です。審査会という名前がついているので，あたかも行政不服審査会等が審査請求に対応して審理や裁決を行うかのような印象を受けるかもしれませんが，そうではありません。審理手続を行うのは審理員であり，裁決を行うのは審査庁です。では，行政不服審査会等は何をするかというと，審査庁からの諮問を受けて調査を行い（行審法 74 条），諮問に対する答申を行います（行審法 79 条）。行政不服審査会等は，第三者の立場から審査庁の判断をチェックする組織として位置づけられています。

② 行政事件訴訟

(1) 概　　要

　私人間の法律関係についての訴訟に関する民事訴訟法，刑事手続や刑事裁判に関する刑事訴訟法と並んで，行政事件訴訟に関する**行政事件訴訟法**（以下「行訴法」といいます）があります。本書の執筆時点（2022 年 10 月末）において，本則の最後の条文番号は，民事訴訟法が第 405 条であり，刑事訴訟法が第 507 条であるのに対して，行訴法は第 46 条です（枝番号がある関係で，それぞれの法律の実際の条文数と最後の条文番号とは一致しません）。このことから，民事訴訟法や刑事訴訟法と比べて，行訴法が非常にコンパクトな法律であることがわかります。行訴法は自己完結的な内容になっておらず，行訴法単独で行政事件訴訟について網羅的に定めることができていません。そのため，行訴法に定めがない事項については民事訴訟の例によることになっています（行訴法 7 条）。

　行訴法では，**抗告訴訟**，**当事者訴訟**，**民衆訴訟**及び**機関訴訟**という 4 つの種類の訴訟が行政事件訴訟として位置づけられています（行訴法 2 条）。いずれも重要な種類の訴訟ですが，ここでは主に抗告訴訟と当事者訴訟について説明することにします。

(2) 抗 告 訴 訟

　抗告訴訟は，「行政庁の公権力の行使に関する不服の訴訟」と定義されています（行訴法 3 条 1 項）。また，「行政庁の処分その他公権力の行使に当たる行為」が「処分」と名付けられています（行訴法 3 条 2 項）。この処分の効力を失わせるよう求めたり，逆に処分を実行するよう求めたりというふうに，処分を

めぐる訴訟のことを抗告訴訟といいます（なお，処分に関する抗告訴訟とは別に，審査請求（本書 180 頁参照）についての裁決に関する抗告訴訟もありますが，ここでは裁決に関する抗告訴訟は省略します）。

　行政庁の行為のうちで，この処分に該当するかどうか問題となることがよくあります。処分に該当するものが存在するならば抗告訴訟を利用することになり，処分に該当するものが存在しないならば通常は抗告訴訟以外の手段を利用することになります。つまり，処分の概念は，抗告訴訟を利用するための入り口としての機能を持っています。

（ⅰ）「処分」とは何か？

　処分とは，「公権力の主体たる国または公共団体が行う行為のうち，その行為によつて，直接国民の権利義務を形成しまたはその範囲を確定することが法律上認められているもの」（最一小判昭和 39 年 10 月 29 日（行政Ⅱ・143））であるとするのが判例だといわれることがあります（櫻井敬子＝橋本博之『行政法［第 6 版］』（弘文堂，2019 年）263 頁など。もっとも，教科書によっては，この判決について，判例という表現を敢えて避けているかのように読めるものもあります）。この昭和 39 年最判は，行政事件訴訟特例法という古い法律についてのものですが，一般的に現行の行訴法や行審法における処分についても当てはまるものだと考えられています。この昭和 39 年最判に基づいて，処分といえるか否かの判断基準が次のように導かれます（この点については教科書によって様々な方法で解説がなされていますが，本稿では大橋洋一『行政法Ⅱ［第 4 版］』（有斐閣，2021 年）51 頁以下によることとします）。

　すなわち，①「公権力主体と国民との関係で行われていること（外部性）」，②「『直接に』国民に向けられていること（直接性＝具体的規律性）」，③「国民の権利義務に変動をもたらすこと（法的効果）」及び④「権利義務の変動が法律に基づくこと（法律の授権）」というものです（以上①～④のカギカッコの部分は大橋・前掲書 51 頁［第 4 版］からの引用）。

　そして，①から行政内部で行われる行為などは原則として処分に当たらないこと，②から立法行為や行政計画のような間接的に権利義務の変動をもたらすような行為は原則として処分に当たらないこと，③から行政指導や通知などといった事実行為は原則として処分に当たらないこと，④から（法律ではなく）合意を基礎にして権利義務を発生させる行為は原則として処分に当たらないこ

とが導かれます（大橋・前掲書 51 頁［第 4 版］参照）。ここで，「原則として」
とされていることに注意してください。①〜④に基づいて原則として処分に当
たらないような行為であっても，例外的に処分に当たる場合があります。

　許可は特定の人間に対して一定の行為を適法に行うことができる地位を与
えるものであり，下命や禁止は特定の人間に対して一定の義務を課すもので
す。このようなタイプの行為が処分であることは問題ありません。これに対し
て，条例の制定や事実の通知といったタイプの行為がどのような場合に例外的
に処分に当たるのかが問題になります。ここでは，条例制定行為についての判
決を紹介します。

　旧条例によって設置されていた市立保育所の一部を廃止した事件について
の判決があります（最一小判平成 21 年 11 月 26 日（行政Ⅱ・197））。この事件は，
市長が法律や条例に基づいて市立保育所を廃止するという決定をしたのではな
く，旧条例を改正する内容の新条例を制定することによって自動的にいくつか
の市立保育所が廃止されたというものです。条例というものは，その地方公共
団体のなかで一般的に適用される法です。したがって，条例を制定するという
行為は一般的なルールを作る行為であり，（条例が適用される人々一般の権利義
務を形成することはあっても）範囲が限定された特定の人間の権利義務を形成す
るのではないのが普通です。

　それに対してこの判決は，「本件改正条例は，本件各保育所の廃止のみを内
容とするものであって，他に行政庁の処分を待つことなく，その施行により各
保育所廃止の効果を発生させ，当該保育所に現に入所中の児童及びその保護者
という限られた特定の者らに対して，直接，当該保育所において保育を受ける
ことを期待し得る……法的地位を奪う結果を生じさせるものであるから，その
制定行為は，行政庁の処分と実質的に同視し得るものということができる」と
しました。つまり，条例の制定という形式をとっているが，範囲が限定された
特定の人間の法的地位を奪うという内容なのだから，処分といえるということ
でしょう。

(ii)　抗告訴訟にはいくつかの種類がある

　抗告訴訟には，①取消訴訟（行訴法 3 条 2 項及び 3 項），②無効等確認訴訟
（同法同条 4 項），③不作為違法確認訴訟（同法同条 5 項），④義務付け訴訟（同
法同条 6 項）及び⑤差止訴訟（同法同条 7 項）という類型が行訴法に定められて

います。これらの類型は，行訴法という法律に定められた抗告訴訟であるという意味で**法定抗告訴訟**と呼ばれます。逆に，行訴法やその他の法律に定められていない類型を**法定外抗告訴訟**といいます。行訴法制定時には念頭においていなかった事件が発生したときに対応する必要があるので，そのような事件が発生したときには法定外抗告訴訟が認められる可能性もあります。

　法定抗告訴訟には様々な類型があることを紹介しましたが，なぜそれらの類型が必要であるのか，それらの類型はそれぞれどのように使い分ければいいのか，ということが問題となります。①取消訴訟は，既に行われた処分が違法であるとして，処分の効力を失わせることを求める訴訟です。②無効等確認訴訟は，処分の存否又はその効力の有無の確認を求める訴訟です（行訴法3条4項参照）。これは，処分の存在の確認，処分の不存在の確認，処分の有効性の確認及び処分の無効性の確認の4つに分解できます。取消訴訟と無効等確認訴訟（特に処分の無効性の確認を求める訴訟）との違いは何かが問題となります。取消訴訟と無効等確認訴訟の違いの前提には，無効をもたらさないレベルの瑕疵と無効をもたらすレベルの瑕疵とは区別することができるという考え方があります。そして，処分に重大かつ明白な瑕疵が後者に当たり，これがある場合に処分が無効となると考えられています（最三小判昭和34年9月22日（行政Ⅰ・79））。無効をもたらさないレベルの瑕疵だけが処分にある場合には，取消訴訟の判決で処分が取り消されるまでは，その処分は有効なものとして扱われます。

　③不作為違法確認訴訟は，処分を求めて申請したにもかかわらず放置されている場合に，その放置状態（不作為）が違法であることの確認を求める訴訟です。④義務付け訴訟は，何らかの処分をするよう積極的に求める訴訟です。⑤差止訴訟は，これから行われようとしている訴訟をやめるよう求める訴訟です。

　どのようなシチュエーションでどの種類の抗告訴訟が使えるのかを考えてみましょう。

　自分に対して行政庁が営業停止命令をした後の段階では，取消訴訟を使って営業停止命令の取消しを求めることができます。また，同じシチュエーションで無効等確認訴訟を使って，営業停止命令に重大明白な瑕疵があるとして営業停止命令の無効の確認を求めることができます。自分に対して行政庁が営業停止命令をこれからしようとしている段階では，差止訴訟を使って営業停止命令をしないよう求めることができます。生活保護を求めて申請したのに，行政庁がその申請を放置している場合，不作為違法確認訴訟を使って不作為が違法で

あることの確認を求めることができます。また，同じシチュエーションで義務付け訴訟を使って，生活保護の開始の決定をするよう積極的に求めることができます。

⒤　抗告訴訟を提起できるのは誰か？

抗告訴訟は，誰でも提起できるわけではありません。具体的な事件との関係で，抗告訴訟を提起することができるための資格のことを**原告適格**といいます。それぞれの類型の抗告訴訟について原告適格が定められていますが，ここでは取消訴訟の原告適格について説明します。

処分についての取消訴訟は，「当該処分……の取消しを求めるにつき法律上の利益を有する者……に限り，提起することができる」とされています（行訴法9条1項）。この「法律上の利益を有する者」について，「①当該処分により自己の権利若しくは法律上保護された利益を侵害され，又は必然的に侵害されるおそれのある者をいうのであり，②当該処分を定めた行政法規が，不特定多数者の具体的利益を専ら一般的公益の中に吸収解消させるにとどめず，それが帰属する個々人の個別的利益としてもこれを保護すべきものとする趣旨を含むと解される場合には，このような利益もここにいう法律上保護された利益に当たり，当該処分によりこれを侵害され又は必然的に侵害されるおそれのある者は，当該処分の取消訴訟における原告適格を有する」（最大判平成17年12月7日（行政Ⅱ・159）。引用文うち，丸数字と下線は筆者による）というのが判例です。この判決の①の部分は「法律上の利益を有する者」の意味を示しており，②の部分は「法律上の利益」の解釈方法を示しています。②の部分から，法律が「専ら一般的公益の中に吸収解消」させているタイプの利益は，原告適格を基礎づける「法律上の利益」には当たらないということになります。

この判決は，私鉄の一部区間の高架化工事の前提として当時の建設大臣（現在の国土交通大臣）が行った認可について，周辺住民が提起した取消訴訟に関するものです。そこでは，周辺住民の利益が行訴法9条1項にいう法律上の利益に当たるかどうかが問題となりました。結論として，工事に伴う騒音・振動等によって健康又は生活環境に係る著しい被害を直接的に受けるおそれのある周辺住民などの利益は法律上の利益に当たると判断されています。

（3）　当事者訴訟

（ⅰ）　当事者訴訟の２つのタイプ

　処分それ自体に関する訴訟が抗告訴訟だったのに対して，人々の法律関係を
めぐる訴訟を当事者訴訟ということができます。行訴法４条で当事者訴訟の定
義が定められていますので，各自で確認してみてください。

　行訴法４条には，２つの当事者訴訟が定められています。すなわち，「当事
者間の法律関係を確認し又は形成する処分又は裁決に関する訴訟で法令の規定
によりその法律関係の当事者の一方を被告とするもの」と「公法上の法律関係
に関する確認の訴えその他の公法上の法律関係に関する訴訟」です。前者は形
式的当事者訴訟，後者は実質的当事者訴訟とも呼ばれます（櫻井＝橋本・前掲
書347頁参照。これらの名称に対して批判的な見解もありますが（高木光『行政法』
（有斐閣，2015年）352頁参照），本稿は便宜的にこれらの名称を用いることとしま
す）。それぞれ，どういった形態の訴訟なのかイメージしにくいのではないか
と思います。そこで，次に具体例を用いて説明します。

（ⅱ）　具　体　例

　形式的当事者訴訟の代表例は，土地収用法(とちしゅうようほう)133条に見出すことができます。
公共事業のために土地が必要になる場合があります（公共事業を行う主体のこと
を起業者(こぎょう)といいます）。土地所有者が売買契約を拒むために，起業者が土地を取
得できず公共事業を進めることができない場合などがあります。その場合には，
土地収用制度を利用して土地を取得することができます。土地収用をするため
の手続の１つに，行政機関の一種である収用委員会(しゅうよういいんかい)の収用の裁決というものが
あります（詳細は省略しますが，ここでいう収用の裁決というときの裁決は，行審
法や行訴法で用いられている裁決という言葉とは異なった意味ですので注意してく
ださい）。収用の裁決では，起業者がどの範囲の土地を収用するのかというこ
とや，収用した見返りとして起業者が所有者などに払うべき損失補償(さいけつ)（損失補
償については本書179頁参照）の額などが決定されます。収用委員会は行政機関
ですから，収用委員会の行う決定は一種の処分といえます。そうだとすると，
損失補償の額についての不服は処分についての不服だから，処分庁の所属する
地方公共団体を被告として抗告訴訟を用いるべきだということになりそうです。
しかし，土地収用法ではそうなっていません。というのも，損失補償は起業者
から所有者に支払われるものですから，それらの者同士で争えば良いと考えら

れます。そこで，起業者と所有者が当事者となって訴訟を起こすという仕組みが採用されているのです（土地収用法133条3項）。この意味で，抗告訴訟とは訴訟構造が異なっています。

　実質的当事者訴訟については，実際の事件を紹介してみます。薬事法施行規則（厚生労働省令）の改正によって，一部の医薬品のインターネット販売が禁止された事件についての判決があります（最二小判平成25年1月11日（行政I・46））。この事件で原告は，新しい薬事法施行規則のもとでもインターネット販売をすることができる権利ないし地位を有することの確認を求めて訴えを提起しました。薬事法施行規則を改正するという行為は処分ではありませんから，抗告訴訟を利用することはできません。そこで，抗告訴訟以外の訴訟を利用しなければなりません。この事件では，実質的当事者訴訟で，上述の権利ないし地位の確認が求められました。結論として，上述の権利ないし地位を確認する判決が高裁によって下されました（最高裁も，高裁のこの判断を是認しました）。

(4)　その他の訴訟

　行訴法には，以上で説明した訴訟の他に，民衆訴訟（みんしゅうそしょう）と機関訴訟が定められています。民衆訴訟は，国や地方公共団体の違法な行為の是正（ぜせい）を求める訴訟で，選挙人たる資格その他自己の法律上の利益にかかわらない資格で提起する訴訟です（行訴法5条）。たとえば，地方公共団体が違法に公金を支出しようとしている際に，その公金の支出の差し止め等を求めて住民が提起する住民訴訟（じゅうみんそしょう）（地方自治法242条の2）などがこれに当たります。

　機関訴訟は，国や地方公共団体の機関相互間で，権限の存否などをめぐる紛争についての訴訟です（行訴法6条）。たとえば，地方公共団体の事務に関して国が是正の要求などの措置を講じたときに，地方公共団体がその措置に不服がある場合の訴え（地方自治法251条の5）などがこれに当たります（実際の手続はもっと複雑ですが，ここでは説明を省略します）。

Ⅳ　重要判例紹介

1　国家補償についてのもの

① 最一小判平成 5 年 3 月 11 日（行政Ⅱ・213）

税務署長が私人の所得金額を過大に認定して所得税の更正をしたことの違法性が問題となった事例。

② 最二小判平成 3 年 4 月 26 日（行政Ⅱ・212）

県知事がこの申請を長期間放置してしまったことの違法性が問題となった事例。

③ 最大判昭和 43 年 11 月 27 日（行政Ⅱ・247）

砂利採取等の行為を制限することについての損失補償に関する規定がない法令が憲法に違反するか否かが問題となった事例。

2　行政争訟についてのもの

① 最一小判昭和 39 年 10 月 29 日（行政Ⅱ・143）

ごみ焼却場を設置するための計画の実施に向けられた一連の行為が処分に当たるか否かが問題となった事例。

② 最一小判平成 21 年 11 月 26 日（行政Ⅱ・197）

市立保育所の一部を廃止することを内容とする条例を制定する行為が処分に当たるか否かが問題となった事例。

③ 最大判平成 17 年 12 月 7 日（行政Ⅱ・159）

私鉄の一部区間の高架化工事の前提として当時の建設大臣（現在の国土交通大臣）が行った認可の取消訴訟について，周辺住民に原告適格が認められるか否かが問題となった事例。

④ 最二小判平成 25 年 1 月 11 日（行政Ⅰ・46）

第一類・第二類医薬品のインターネット販売等をすることができる権利の確認が求められた事例。

コラム 18 「国家賠償と取消訴訟の関係」

　本章では，国家賠償と取消訴訟は基本的に異なる性格を持つ制度であることを前提としてそれぞれについて解説しました。しかし，両者が同じような機能を果たす場合があります。たとえば，違法になされた課税処分が原因で，本来払う必要のない税金を払わされた場合を考えてみましょう。違法な課税処分によって被った損害を金銭的に埋め合わせるのは国家賠償です。国家賠償が認められれば，余分に払わされたお金は戻ってきます。違法な課税処分の取消しを求めるのは取消訴訟です。取消訴訟で課税処分が取り消されれば，同じように余分に払わされたお金は戻ってきます。経済的に見れば，取消訴訟で課税処分が取り消されていない場合であっても，国家賠償を使えば課税処分が取り消されたのと実質的に同じ状態を実現できることになっていまいます。それはおかしいのではないかということが問題となります。

　この問題について，最一小判平成 22 年 6 月 3 日（行政Ⅱ・227）があります。この事件についての高裁判決（名古屋高判平成 21 年 3 月 13 日（LEX/DB 文献番号 25440616））は，国家賠償が認められることによって課税処分が取り消されたのと同じ状態になるのは妥当ではないと判断しました。それに対して最高裁は，「公務員が納税者に対する職務上の法的義務に違背して当該固定資産の価格ないし固定資産税等の税額を過大に決定したときは，これによって損害を被った当該納税者は……取消訴訟等の手続を経るまでもなく，国家賠償請求を行い得るものと解すべきである」と判断しました。

　高裁の立場をとるとするならば，金銭給付や金銭徴収を内容とする処分については，国家賠償による権利救済が特別に制限されることになりえます。これに対して，国家賠償が認められることによって処分が取り消されたのと実質的に同じ状態になってしまう場合であっても，それを理由として国家賠償という制度の利用が制限されるわけではない，というのが最高裁の立場です。現実的な妥当性という観点からいえば最高裁の立場を支持すべきだと思いますが，高裁判決は国家賠償と取消訴訟の間の関係を再検討するきっかけを私たちに提供してくれているように思います。

コラム 19「"条例" という法形式」

　勉強もせずにずっとゲームをしたり，スマホでネットを見ていたりする子ども
に，「ゲームは 1 日 1 時間までって約束したよね」「夜 10 時以降はスマホを使う
のを止めなさい」と親が注意する光景はそれほど珍しくないかもしれません。た
だ，ゲームやスマホの利用に関するルールを家庭内で決めるだけでなく，自治体
が定めている例があります。それが 2020 年 3 月に制定された，香川県ネット・
ゲーム依存症対策条例です。同条例では，ゲームの利用は 1 日当たり 1 時間まで，
スマホの使用は夜 10 時までを目安として，子どもにゲーム・スマホの利用をや
めさせるよう働きかけるという努力義務が保護者に課せられています。子どもの
ゲームやスマホの利用ルールを自治体が定めることへの疑問・批判もあるかと思
いますが，ここで注目したいのは "条例" という形式です。

　法学部の授業で主に登場するのは "法律" です。法律は国会の議決を経て制定
されるもので，日本には現在 2000 本以上の法律が存在しています。私たちの日
常生活のさまざまな場面に法律は関係してきますが，実は法律以外にも社会の
ルールを形づくっているのが条例です。条例は国会ではなく，都道府県や市町村

図　日本の法体系

といった自治体の議会で議決を経て
制定されるものであり，原則として，
その自治体の区域内でのみ効力を有
します。条例の制定は，憲法が自治
体に保障している立法権の行使です。
主権者である国民から直接選挙で選
ばれた議員の過半数の賛同を得て制
定されるという点では，法律に並ぶ
法形式といえるでしょう（図参照）。

　市民や事業者などからみて，条例は法律よりも存在感が薄く，さらには法律に
劣る法形式と思われがちです。しかし，条例も私たちの日常生活と密接に関わっ
ています。例えば，チカン・盗撮などの迷惑行為の取締り，自転車利用者への自
転車損害賠償保険加入の促進，猫の屋内飼養の義務づけ，歩きタバコの禁止など
は，各自治体が定める条例に基づいて行われています。法律と同様に，条例は私
たちの権利・自由の制約あるいは新たな義務の賦課を行うことが可能であり，違
反した者に対する懲役刑（拘禁刑）や罰金刑も規定できます。

　法律は，国が全国的スケールや全国画一的に対応する必要があると考えた事項について制定されるのに対し，条例は，自治体が当該地域の特性およびニーズなどを踏まえて制定されます。例えば，国が定める建築基準法は，建物を建てる際に，大規模地震が発生しても倒壊を免れるだけの耐震性を備えることを求めています。建物が備えるべき構造上の安全性の水準は，地域による差異があるとは考えられないため，建築基準法を通じて，全国画一的である耐震基準の遵守が義務づけられているわけです。ただ，建物がその利用者にとって安全に過ごせる空間であることはもちろん重要ですが，建物はまちの一部を構成するパーツでもあります。町家や黒塀といった特徴的なまちなみが残る地域では，建物の新築・改築等において一定のデザインを保持させたいというニーズがあるでしょう。そうした場合に，条例は有用なツールです。実際に，風情ある茶屋街などの観光名所を有する金沢市は，金沢市こまちなみ保存条例を制定し，保存区域ごとに定められた保存基準の遵守を建築主等に求めています。具体的には，「3階以上の外壁は，道路から2メートル以上後退するよう努める。」「屋外の設備機器等は建物との一体化に努め，道路等から直接見えないよう工夫する。」などの保存基準が設けられています。その地域でどのようなまちなみを守るのか，そのためにどのような規制を行うのか，という点は地域ごとに決定するのが適切であり，法律で決めるのは困難です。

　さらに，条例が法律を先取りする例も少なくありません。地域住民にとって，国よりも都道府県や市町村が身近な行政主体であり，既存の法令では対応しきれない政策課題あるいは新たに導入すべき制度についての要望を届けやすいといえます。したがって，国レベルで法律が制定されるよりも早く，自治体レベルで条例が制定され，条例制定の全国的な広まりなどを受けて，法律が制定されることもあります。例えば，行政文書を国民に開示する情報公開制度について，国の情報公開法が制定されたのは1999年ですが，最初に情報公開制度を導入したとされる金山町公文書公開条例は1982年にすでに制定されています。最近では，空き家問題について，2010年に「所沢市空き家等の適正管理に関する条例」が制定されたことをきっかけに，全国的に空き家条例ブームが生じ，2014年に「空家等対策の推進に関する特別措置法」が制定されるに至りました。

　このように，条例は，多種多様な地域特性を反映するとともに，全国的な問題に発展しうる政策課題をいち早く察知して対応を図っており，法学を学ぶ際には条例の動きにもぜひ注目していただきたいと思います。　　　　　（釼持麻衣）

コラム 20「防災を考える」

皆さんは，「災害」や「防災」ということばを知っているでしょうか。

　私たち人類は様々な自然災害に遭遇し，これによって命を落とすこともあります。日本でも，東日本大震災や熊本地震，御嶽山の噴火や台風による被害などは記憶に新しいところかもしれません。しかし若い世代の人の中には，過去の災害の記憶が曖昧であったり，資料の中で学んだことがあるという人もいるでしょう。それでも，日本のように災害の多い国では，災害や防災に関する知識を身に付けておくことが必要であるといえます。

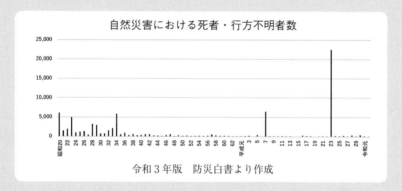

令和 3 年版　防災白書より作成

　自然災害での死者数は，一部の大規模災害発生の年以外には，毎年 500 人以下（50-400 程度）で推移しています。それでも，昭和 20(1945)年以降，自然災害における死者・行方不明者が 0 人であった年はありません。そうしたことからも，自然災害は私たちの身近なものとして認識しておく必要があるといえます。

　災害時には，行政から災害に関する情報が発信されることがあります。その中には，避難勧告や避難指示といわれるものがありましたが，これらは，2021 年から「**避難指示**」に一本化されました。避難指示の情報が発信された時点では，「立退き避難」を完了させておくことが望ましいとされています。このため，私たちは，避難指示が出されるような状況下に至る前に立退き避難が完了できるよう，災害に関連する様々な情報を収集し，行動する必要があるといえるでしょう。

　日本の法律では，「災害」は，「暴風，竜巻，豪雨，豪雪，洪水，崖崩れ，土石流，高潮，地震，津波，噴火，地滑りその他の異常な自然現象又は大規模な火事若しくは爆発その他その及ぼす被害の程度においてこれらに類する政令で定める

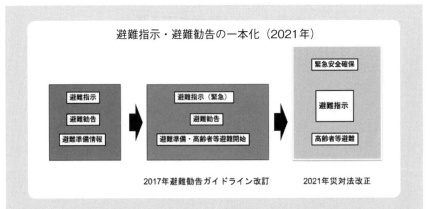

避難指示・避難勧告の一本化（2021年）

避難指示
避難勧告
避難準備情報

避難指示（緊急）
避難勧告
避難準備・高齢者等避難開始

緊急安全確保
避難指示
高齢者等避難

2017年避難勧告ガイドライン改訂　　2021年災対法改正

原因により生ずる被害をいう。」と定められています（災害対策基本法：災対法
2条1号）。

　「その他その及ぼす被害の程度においてこれらに類する政令で定める原因によ
り生ずる被害」には，「放射性物質の大量の放出，多数の者の遭難を伴う船舶の
沈没その他の大規模な事故」が含まれています（災害対策基本法施行令1条）。

　ちなみに，隕石（の衝突等）については，今のところ，わが国において災害の
原因となる自然現象等には含まれていませんし，「ゴジラ」襲来は災害としての
自然現象等に含まれていません。

　そうした災害に対して，私たちはどのようにそなえたら良いでしょうか。

　ハザードマップ等を確認し，災害に応じた避難行動をとれるように準備するこ
とも必要ですし（学校などでの避難訓練で教室からの避難ルートを確認すること
も重要なことです。），「防災グッズ」「非常用持ち出しバッグ」を準備しておくこ
とも重要です。最近では，ラジオなどではなく，スマートフォンで情報収集する
ことが多いでしょうから，乾電池ではなくモバイルバッテリーや蓄電池などを各
家庭で準備することも必要といえるでしょう。皆さんの身の回りの防災用品を今
一度確認してみてください。　　　　　　　　　　　　　　　　　　（村中洋介）

コラム 21「私たちの暮らしと地球温暖化問題」

　季節の変わり目に新しい服を買いにデパートへ行く。バッテリーの消耗したスマートフォンを買い換えるために家電量販店へ行く。長期休暇を利用して旅行へ行く。これらは私たちが日常的に行っていることです。商品を購入したりサービスを利用したりすることは，時に心を満たしてくれます。その一方で，私たちは日々の暮らしの中で，直接・間接的に多くのエネルギーや資源を消費し，その過程でさまざまな環境負荷を引き起こしています。皆さんは，このような普段の生活と環境問題とのつながりについて考えたことがあるでしょうか？

　環境問題について考えるとき，私たちは購入した製品が組み立てられる段階や，製品を使用する段階の環境負荷に着目しがちですが，製品に使用される原材料や部品の調達，輸送，販売，廃棄といった各過程においても環境負荷，特に CO_2 をはじめとした温室効果ガス（GHG）が排出されています。このように，製品のライフサイクル（原材料調達から廃棄までの過程）での GHG 排出量（CO_2 換算）を消費ベースでの GHG 排出量，またはカーボンフットプリントと呼びます。

　カーボンフットプリントの視点が必要となる重要な例として電気自動車が挙げられます。近年導入が促進されている電気自動車は，使用時（走行時）の GHG 排出量は少量ですが，製造段階や動力源となる電気の生産時に，ガソリン車に比べて多くの GHG を排出します。そのため，走行時だけでなく，原料調達から廃棄までのトータルの環境負荷を計算して比較する必要があるのです。

　カーボンフットプリントは私たちのお買い物（家計消費）がどれだけ GHG 排出を誘発しているのかを可視化してくれます。環境省の報告書によれば，2015 年における日本の GHG 排出量は，消費ベースで見ると約 6 割が家計消費に起因していると言われています。それだけに，私たち消費者一人一人が，購入する製品がどのような過程を経て製造され，使用・廃棄段階でどのような環境影響があるのかまで考慮することが，日本の GHG 排出量削減に欠かせません。現在では環境に配慮した製品どうかを判断するための認証制度（環境ラベルなど）もありますし，企業が自社製品のカーボンフットプリントを環境レポート等で公開している事例もあります。例えば，Apple 社が公開している製品環境報告書によれば 2022 年に発売された iPhone 14 Pro（128GB モデル）のカーボンフットプリントは 1 台当たり 65kg であり，前モデルに比べると 4kg 削減されたことも確認できます。

　皆さんのちょっとした意識の変化，延いてはライフスタイルの変化がまわりまわって大きな変化となります。お買い物をする際には，価格やデザイン，ブランドなどに加えて，その製品が社会や環境に配慮しているかどうかも考慮したうえで製品を選んでみてください。

（永島史弥）

最終章
レポートの書き方

大学では，高校までとは異なり，授業の評価などに用いるものとして「レポート」といわれるものを課すことがあります。また，「卒業論文」が学部，大学などから課されることもあると思います。

ここでは，授業の中で用いられることのある「レポート」とは何か，その基本的な書き方を学んでおきたいと思います。特に大学に入学したばかりの学生の皆さんに関しては，導入ゼミなどできちんと指導がなされない大学等もあるかもしれません。授業が始まれば早速レポートなどの課題が出されることもあると思いますので，この本を教科書として用いる授業では，早いうちにこの章を読み確認しておいてください。

また，この本を教科書等として用いる先生方は，この章のレポートの書き方なども参照しつつ，各分野において異なるレポートや論文の書き方があることについても注意を呼び掛けてください。この本は，法学に関するものですが，高校生や法学部以外の大学1年生等が他の科目等でも役立つよう，一般的なレポートの書き方について例を示すとともに，法学独特の書き方等についても示しておきたいと思います。

1　レポートとは何か

「レポート」という言葉は良く聞きますし，高校生や大学生であれば，なんとなくその意味を理解はしていることでしょう。

レポートの説明については，次のようなものがあります（立教大学図書館『レポート作成ガイド』（2016年）4頁）。

「レポートとは，問題を提起し，その問題に対して自分の考えを客観的かつ論理的に説明した学術的な文章です。提起した問題に取り組むためには，文献調査で先行事例や先行研究を調べたり，実地調査や実験を行ってデータを集めたりする必要があります。したがってレポートでは，調査で得られた事実と根

拠を示し，自分の考えを形式に則って書きます。自分の思いをひとりよがりに
書くことは避けなければなりません。」

　また，論文とレポートの違いについて，次のような説明がなされることがあ
ります（東京大学大学院教育研究科学務委員会『信頼される論文を書くために　改
訂版』（2012年）5頁）。

　「論文とレポートは，区別するべきです。レポートは，自分なりの視点から
すでにある文献（研究）の内容を要約し，それに自分の意見や感想を追記する
ことでも成り立ちます。これに対し，論文は，すでにある文献（研究）よりも
新しく，しかも妥当性のある議論を論理的・実証的に展開したものです。たと
えば，新しくしかも妥当な説明や解釈や，新しい事実の発見を，明晰に論じた
言説です。」

　レポートも論文も，テーマに関して既にある研究等を参照し，検討する必要
は求められますが，そのうえで，テーマについての新たな視点等を含めた独自
性・独創性が求められるものが論文であるといえます。

　しかしながら，レポートを書く上でも自らのテーマの設定や与えられた課題
について，自分なりに調査・分析・検討といった作業を行う必要があります。
そして，レポートが，「問題を提起し，その問題に対して自分の考えを客観的
かつ論理的に説明した学術的な文章」とされるように，文学的文章といわれる
ような主観的文章（日記や作文など）とは根本的に異なるものである。**レポー
トは，単なる作文・感想文ではない**ということをしっかりと認識しておく必要
があるでしょう。

作文，レポート，論文の違い

	作文	レポート	論文
感想・意見	○	○	○
調べる・証拠	△	○	○
独自性	×	△	○

井下千以子『思考を鍛えるレポート・論文作成法〔第3版〕』
（慶應義塾大学出版会，2019年）9頁参照。

❷　レポートの構成

①　レポートのテーマ設定

　レポート課題において，明かに書くべきことが提示されている場合（例えば，「オオサンショウウオの生態について」など。）には，そのテーマから自らのテーマに絞ってレポートを書くことはあまりないでしょう。

　一方で，レポートのテーマが大枠で示されている場合には，そのテーマから自ら書く内容を考え，テーマを絞る作業を行います（例えば，テーマとして「両生類の生態について」と示されている時に，「オオサンショウウオ」に焦点を当てて記述するなど。）。

　法学のレポートであれば，「わが国における人権保障について」であるとか，「原告適格に関する判例を参照しながら説明しなさい」といった場合には，「人権保障の中でも象徴的表現の自由に焦点を当てよう」とか，「小田急高架化訴訟に焦点を当てよう」などと自らテーマを絞って記述することが考えられます。

　一方で，「わが国の表現の自由の保障範囲に象徴的表現が含まれるか」，「小田急高架化訴訟を例に原告適格について論じなさい」というようなテーマが当たられている場合には，書くべきことが明示されているといえますし，また，「事例問題」においても，書くべきことが明示されているといえるでしょう（例えば，「AさんがCさんと間違えてBさんを殺害した。このため，Aさんが再びCさんを殺そうとしたところ，DさんがCさんを守るためにAさんを殺害した。この場合，AさんとDさんはどのような罪に問われるか。」というようなものなど。）

　そうすると，私たちがなんとなく考えているレポートは「お題」によって書くべきことが変わってきますし，まず初めに，自らテーマを絞るべきかどうかを判断しなければならないといえます。その意味では，「お題」を正確に読み解くことが必要です。中学や高校の現代文の問題と同じで，出題者の意図を読み解かなければ正しいレポートは書けないということになります。このことを念頭に，レポートの基本的な構成についてみておきましょう。

②　レポートの基本的な構成

・タイトル：表紙等
(1)序論
(2)本論

```
(3)結論
・文献リスト
```

　レポートの構成は，基本的にこのような形式になります。これは，卒業論文や学術論文等，大学4年生や大学院生，研究者が書くような論文においても基本的にはこのような形式が用いられます（ただし論文には，先行研究等レポートでは基本的に触れることのない点の記述などがあります。）。

　表紙については，必ずしも付さなければならないものではありません。レポート本体の構成の(1)序論は，レポートの目的や問題提起，研究の背景などについて書きます。ただし，レポートの文字数制限もある中では，この部分について文字数を割くことはしてはいけません。**簡潔に，問題提起やレポートの目的を明確に示す**ことが重要です。

　(2)本論は，レポートの中心となる部分で，(1)で提起した目的を達成するために(i)自らの調査・研究・実験等についてまとめること，(ii)(i)の結果に基づいて，分析・考察等を行うこと，(iii)ここでの分析・考察等からどのような結果が導かれるか，などが必要になります。研究する分野によって調査方法等には違いがありますが，**何らかの方法で調査研究を行い，これについての分析・考察といった検討過程を経て，最終的にどのような結果を導くことが可能であるかが示される必要があります**（※結果部分については，結論としてまとめて書くという方法もあります。）。

　(3)結論は，(2)から導かれる結論を示すものですが，**最も大事なことは，「(1)で示した目的と(3)の結論がどのように関係しているか，目的を達するための結論が導けたか」**という点です。目的に対して，正の結果・結論が導かれる場合もあれば，負の結果・結論が導かれることもあります。このため，必ずしも，当初の目論見と結論が同じでなければならないというものではありません。また，この結論では，将来の展望や残された課題について記す場合もあります。

　レポート本体とは別に，参考文献一覧を付すことがあります。法学の論文・レポート等では，脚注や文末注などの中に文献を入れており，わざわざ参考文献一覧を示すことをしない場合がありますが，ひとまずハーバード方式を理解しておけば良いと思いますので，後ほど例として示しておきたいと思います。

　学術論文等についても，これと同じような形式で構成されると述べましたが，

例として論文の目次を示しておきます。

タイトル：「ゲーム条例の憲法適合性──香川県条例を事例に」
掲載誌：静岡文化芸術大学研究紀要 21 巻 33 頁以下
　1.　はじめに　　　　　　　　　　　　　　──序論に該当
　2.　香川県ゲーム条例の概要
　3.　香川県ゲーム条例にかかる問題点　　　　──本論に該当
　4.　香川県ゲーム条例の憲法適合性
　5.　人権を制約する可能性のある条例の可否
　6.　おわりに　　　　　　　　　　　　　　──結論に該当

　上記からも分かるように，論文といわれるものも，基本的にはレポートと同じ形式で書かれることになります。もちろん文字数などは圧倒的な差がありますし，レポートではあまり示すことがない先行研究などについての記述もあります。しかしながら，レポートのような少ない文字数で的確に何かについて研究し結論を導くことは本来，文字数の多い**論文よりも難しい**といえるかもしれません（調査・研究のための時間は，論文を書く方がよりかかるでしょうが，文章化することについては，個人的には短い文章で明確に結論を導くレポートの方が難しいといえる気がします。）。

　そのような意味で，レポートを書く際には，参考文献となるような論文を多く読み，レポートの構成を学ぶことも重要になります。

③　レポートの種類・型

　①でも述べましたが，テーマ設定を自ら行う形式のものか，与えられたテーマについて述べる形式のものか，などレポートの型には様々あります。「説明型」，「報告型」，「実証型」，「論証型」（井下千以子『思考を鍛えるレポート・論文作成法〔第3版〕』（慶應義塾大学出版会，2019年）40-41頁）などもあるでしょうし，「論述型」もあります。①でも述べたように，レポート「お題」において，どの型で書くことを求めているかを理解しておかないと，良い点数は取れません。ただし，大学での一般教養などにおけるレポート課題（文字数が1000字〜1500字程度のものやそれ以下程度もの。）においては，「説明型」や「報告型」が多い印象があります。要は，「○○について800字で説明しなさい」というような，学部の期末試験において問われるような問題のことをいいます（○○に

201

ついてという場合に，その中でも自らテーマを絞ることが考えられますが，多くの場合は，テーマを絞ることを想定していない課題の提示がなされると思います。）。

　一方で，法学に関連するレポートや大学4年生などで経験する人もいる卒業論文などは，「論述型」や「論証型」のものが多い印象があります。このため，「説明型」や「報告型」のレポートしか経験していない人は，例えばお題が「SDGsに関して3000字で……」となっている場合に，SDGsの概要等の「説明」に終始するものを書くかもしれません。「説明しなさい」などと限定されているのであればともかく，そうでないのであれば，多くの場合自らテーマを絞り，論述・論証するということが必要になります。このため，まずは「論述型」や「論証型」の書き方を理解しておいてください（これが理解できていれば，「説明型」等についての執筆能力は問題ないはずです。）。

❸　レポートを書く際に注意すべきこと
①　引用方法
　引用とは，レポートや論文を書く際に，自らの意見・主張を客観的に裏付けるために，他者の研究成果や意見等を紹介することをいいます（立教大学図書館・23頁）。Twitterのリツイートは，まさにこの引用にあたるわけですが，そうした引用の元となる意見等は他者のものです。このため，自らの意見・主張のように表現することやその表現が他者のものであることを示すために適切な引用方法に則らなければなりません。

　皆さん自身の意見・主張ももちろん，他者の意見・主張には，著作権が存在しています。これは文章だけでなく，音楽・映像・写真・絵画などにおいても存在します。安易に行う人が多いインターネット上から写真等を拝借することも，著作権のルール上は禁止されます。「勝手に人のものを使う」ということは，レポートや論文だけでなく，一般社会全般において認められない行為です。

　そうすると私たちは，レポートや論文を書くために，他者の研究を参照することさえできなくなってしまうのではないかと不安に思う人もいるかもしれません。ただし，正しく「引用」することで，公表された著作物は用いることができるとされています。

　著作権法の32条では次のように定められています。

　32条1項「公表された著作物は，引用して利用することができる。この場合において，その引用は，公正な慣行に合致するものであり，かつ，報道，批評，研究その他の引用の目的上正当な範囲内で行なわれるものでなければならない。」
　32条2項「国若しくは地方公共団体の機関，独立行政法人又は地方独立行政法人が一般に周知させることを目的として作成し，その著作の名義の下に公表する広報資料，調査統計資料，報告書その他これらに類する著作物は，説明の材料として新聞紙，雑誌その他の刊行物に転載することができる。ただし，これを禁止する旨の表示がある場合は，この限りでない。」

　ここでは，研究目的の使用については用いることができるとされていますし，国などの刊行物やウェブサイトについては引用が可能とされています。ただし，特にウェブサイトにおいては，著作物の使用上のルールが明記されていますので，引用できるものとできないもの確認した上で引用しなければなりません。
　著作権法では，引用以外にも著作物を用いることができる場合が定められていますので，興味のある方は調べてみてください。

　それでは，引用の方法とはどのようなものでしょうか。この本の中でも，脚注に書籍情報などが示されていることがありますが，「鍵括弧」を付して引用しているような「直接引用」（抜粋）と，他者の意見・主張の内容を理解した上でこれを自分の言葉で整理する「間接引用」（要約）方法があります。

　「子どもを守る利益は，時代を超えて保護されるべき普遍的な利益である。その際，過剰な規制が子どもや成年者の利益を侵害しないための仕組みが必要となる。青少年ゲーム法の立法経緯はこの背景を反映している。日本では表現の自由の規制立法が違憲判断された例は少ない。児童ポルノ法は，世界の趨勢に沿うものだが，規制が過剰になりやすい傾向もありえる。また，規制が存在していても実効性を失う場合もある。子どもを守るための法律による規制は，あまたの規制の内の選択肢のひとつであり，ゲームに対する特別な規制は必要なく，社会生活の最低限の基準として考えておくべきだ」（注1）とされるように……

（注1）辻雄一郎「ゲームを遊ぶ憲法上の権利と規制」『平成28（2016）年度助成研究　研究概要』p.2.（公財）中山隼雄科学技術文化財団

　このように，「」で括り，他者の主張をそのまま引用する方法が直接引用です。

　この引用文献の中に誤字がある場合には，自分のタイプミスではないことを示す意味で，誤字のすぐ後ろに〔ママ〕と表記することや，引用に必要ない箇所などについては，「…（中略）…」としたり，「……」とすることもできます。そのほか，引用したものの重要な箇所に，引用者が下線を引くなどする場合には，「」の後ろに（下線部筆者・下線部引用者）などと示すようにしましょう。

　大学生や高校生などは，この直接引用を用いがちであるように感じますが，直接引用では，必要のない箇所も含めて長い文章をそのまま引用してしまうという傾向があります。これを多用してしまうと，制限字数の範囲内で自らの主張を支持する他者の意見・主張を適切に紹介できない可能性があります。その意味では，他者の意見・主張を正しく理解した上で，これを要約して用いるという「間接引用」が出来ることが望ましいでしょう。

　表現の自由は，ルネサンス期の歴史の中に深い淵源をもって誕生してきたもので，そこから自己実現を含むものに進化してきたとされる（注1）。

（注1）Thomas I. Emerson, *Toward a General Theory of the First Amendment*, 72 Yale L. J. 877, 878 (1963).

　このように，「」で括られていないことから，一見すると自らの意見・主張を示しているようにも感じますが，文献の内容を理解したうえで引用する「間接引用」もあります。外国文献の場合には，これを日本語に訳したうえで紹介することになるでしょうから，基本的には間接引用が用いられることになるでしょう。他者の意見・主張を引用している場合には，このことがわかるように，「……とされる」，「……との指摘もある」といった表現を用いることも検討してください。

　最後に，引用文献の付し方としてのハーバード方式について説明したいと思います。

　ハーバード方式では，引用する文章の後に「著者名・出版年・ページ」といった簡易な情報を記載し，レポート等の末尾に文献一覧を付すものです。また，「著者（出版年）」を示す方法を用いることもあります。

> 　公権力が，「害悪」と評価されないものを条例で規制するのであれば，十分な
> 説明とともに，政治的パフォーマンス条例の制定ではなく，実効性のある施策
> が求められる（村中，2021，p.38／または，村中，2021：38）。
>
> 　村中（2021）は，公権力が「害悪」と評価されないものを条例で規制するの
> であれば，十分な説明とともに，政治的パフォーマンス条例の制定ではなく，
> 実効性のある施策が求められると指摘している。

　この時，同じ著者の同じ刊行年の文献が複数ある場合には，村中（2021a），
村中（2021b），村中（2021c）……と末尾の文献一覧と整合するように記載する
必要があります。
　文末の文献一覧では，引用文献との整合が分かるように記載するようにしま
しょう。

> 引用文献一覧
> ⑴村中（2021）：村中洋介「ゲーム条例の憲法適合性──香川県条例を事例に」
> 静岡文化芸術大学研究紀要 21 巻 pp.33-40
> ⑵……
> ⑶……

　法学の論文では，「p.」「pp.」ではなく，「頁」を使いますが，法学以外の分
野では，「頁」を使うことはあまりないと思いますので，法学部以外の学生等
は，さしあたり，「p.」「pp.」表記で記載するようにしておけば良いと思います。

②　剽　　窃

　専門家などの他者の意見・主張に賛同し，その通りだと思ったからといって，
そのままコピペ（コピー＆ペースト）しても良いわけではありません。また，
引用の例に従っていた場合には，形式的にはきちんと引用もされていて，何か
しらの主張がなされているから良いのではないかと思われるかもしれませんが，
「自らの調査研究」というレポートの本質からはかけ離れたもので，評価の対
象とはならないこともあります。このため，自らの主張を支持・補完するよう
に適切な引用を行うこともレポートを書くうえで重要なことです。
　中にはレポートで，引用を示さずに自らの意見・主張であるかのように論を

展開する例があります。ここで他者の意見・主張を自らの主張と同じだからといって出典を明記しないことになると，他者の論文を盗む「剽窃（ひょうせつ）」といわれる行為になります。これは，研究，学問において重大な不正行為となります。決してそのような行為を行わないよう，引用方法を学び，適切な引用を心がけてください。

③　資料・文献探索法

レポートを書くためには，様々な資料調査を行い，これを引用する必要があります。特に人文社会科学系の研究分野であれば，多くの論文等を調べる文献調査を行う必要があるでしょう。

それでは，どのようにレポートを書くための資料収集を行えば良いでしょうか。多くの人が「インターネット」を用いて資料収集を行うと思います。これは，ある意味で間違いではありません。インターネットは速報性があるため新しい最新の情報を得ることができます。

一方で，印刷された紙媒体の図書や論文集などは，一昔前の情報を基にして執筆されているため，レポートの根拠として「データ」などを用いる場合には，注意が必要です。

しかしながら，インターネットの Google や Yahoo! などの検索エンジンを用いて，自らのレポートテーマについて調べることはとても危険です。インターネット上には様々な情報がありますが，根拠が不明確な個人の意見などが多数存在しています。インターネット上の情報は誤った情報があるという前提で，それでも調べるとっかかりとしては貴重な存在といえるかもしれません。

図書の情報は古いものがあることになりますが，データ分析などを前提としない，理論については，古い文献であっても問題ありません。そうした理論面について調べて引用する場合には，図書館の図書等を利用すると良いでしょう。

また，近年では様々な分野のデータベースが普及してきています。法学の分野でも様々な判例データベースが存在し，紙媒体で判例を調べる必要がなくなりつつあります。そうしたデータベースのほか，国などが発行する白書の内容はウェブサイト上でも掲載されていますし，一部の裁判例については裁判所のウェブサイトで閲覧することもできます。このほか，最新の論文についても，WEB で閲覧できるものもありますので，インターネットを用いて，そうした引用可能な情報にアクセスする方法を学ぶことも重要になってきます。

日本の論文を探す場合には，CiNii を用いると良いでしょう。

CiNii：https://ci.nii.ac.jp/

　これは，国立情報学研究所が運営するオンラインデータベースで，人文・社会・自然科学分野の論文を網羅的に収集しています。本文の閲覧が可能なものも多くあるため，図書館等で借りるための書誌情報を検索する場合だけでなく，実際の資料収集にも用いることができます。

　また，外国論文を検索する場合には，EBSCOhost のサービスを利用することで，資料収集が可能です。大学によって契約しているところもあると思いますので，図書館等で確認してください。

　このほか，国内外問わず，各大学や学会等がウェブサイト上で雑誌の論文を閲覧できるようにしていることがあります。探している情報がどこに存在するか分かっている場合には，そうしたウェブサイトに直接アクセスすることで資料収集することも可能になります。

　さらに，データを用いる場合には，統計データのサイトがあります。e-Statという総務省統計局の公的統計ポータルサイトです。

e-Stat：https://www.e stat.go.jp/

　日本国内の様々な統計データを利用することができますので，最新の統計データを調べたい人は，このウェブサイトを使うと良いでしょう。

　最近では，紙媒体の新聞を読む人は少なくなったかもしれませんが，新聞もウェブ上で過去の記事を参照することができますし，新聞記事のデータベースも存在しています。公立の図書館や大学の図書館などで利用できるデータベースを使い，資料収集をしてください。

④　レポートの例題と書き方

　ここでは，大まかなレポートの書き方について具体的な例を挙げながら説明したいと思います。

　一つは，一般教養等全般的なレポートの具体的な課題とその書き方，もう一つは，法学科目において，自分でテーマを絞る形式のものと事例問題についてそれぞれ説明したいと思います。

最終章　レポートの書き方

①　一般教養としての例題

　まず，法学から離れて，一般教養等全般的なものについてですが，大学では
なく，高校などでも用いられるような課題としては，例えば大枠では次のよう
なものがあるのではないでしょうか。

・環境問題

・グローバル経済

・災害・防災

・地域社会

・過疎化

・少子高齢化

・女性の社会進出

・働き方改革……

　上記のような課題を見ると，なんとなくイメージが沸くものもあれば，よく
わからないというものもあるかもしれません。

　ここで，「よくわからない」ものが課題となった時（大学生の課題はそうした
ものが多いかもしれませんが），その課題から，自分なりにテーマを絞る作業を
行い，自分の調べることができる or 興味のある分野を絡ませながら執筆する
と，書きやすくなると思います。

　たとえば，次のような課題が出されたとしましょう。

　近年，日本では大きな災害に見舞われることが多くあるが，そうした災害に
対して，私たちはどのように備えるべきか検討しなさい。（3000 字程度）

　このような課題に対して，皆さんはどのようにテーマを絞るでしょうか。も
しかすると，**「あなた」がどのように備えるか**，が問われていると思う人もい
るかもしれません。しかし，ここでは，「私たち」がどのように備えるかと
なっていますから，皆さん自身が家庭や地域での取り組み，学校での活動等を
通じた取り組みという方向で執筆することも可能ですし，国，地方などの行政
や地域社会としての取り組みという方向で執筆することも可能です。

　また，災害と一言で表現しても，水害もあれば地震，火山，土砂災害など

208

様々なものもがありますので，その点での絞り込みも可能です。私のような法学の専門家であれば，「法学」の立場から書くという選択もあるでしょうし，アニメや漫画の中での災害をテーマにして書くという選択もあります。

　このように，レポートにおいて与えられた課題から，自分なりのテーマの選択をすることができる場合には，自由に自分なりのテーマを見つけることが重要です。高校までであれば，与えられた課題をそのままこなすことでも評価されたかもしれませんが，大学では，「自ら学ぶこと」が求められます。まさに，レポートにおけるテーマ選択は，大学生にふさわしい学習といえるかもしれません。

　それでは，災害に関する課題が出された場合に，テーマを設定し，どのように執筆するか，簡単に示しておきましょう。

テーマ：桜島の噴火と鹿児島市内における火山灰の影響について

　1. はじめに（序論）
　鹿児島県に位置する桜島は，噴火によって多くの火山灰の影響をもたらすことが度々報告されている。2018年から2020年の間は年間爆発回数が200回を超えている（気象庁ウェブサイト1）。……本稿（本レポート・本研究）では，近年の桜島の噴火によって生じた火山灰の鹿児島市内への影響について，市民生活，特に学校活動への影響について調査し，火山灰の影響下での学校活動のあるべき姿を示すことを目的とする。

　　本論部分については，テーマ選択からすると，例えば次のような形になろうかと思います。
　2. 2018年から2020年の鹿児島市内での火山灰の影響
　3. 学校活動への具体的な影響
　4. 火山灰の影響下での学校活動のあり方

　この本論では，テーマに即して資料収集を行い（ここでは，鹿児島市内の火山灰影響，学校活動への影響について調査をするとしているため，ウェブインタビュー等の実施を含めて，調査結果をまとめると良いでしょう。），この資料や調査結果をまとめることと，それを踏まえて，どのような学校活動が可能であるか，どのような学校活動を行うべきか（火山灰による児童・生徒への影響を考慮した場合のあり方）等を検討すると良いでしょう。

5.　おわりに（結論）

　本稿では，ウェブインタビューにおける……という結果を受けて，火山灰の影響下での学校活動においては，①○○……，②●●……，③◎◎……といった活動が可能であると考えられることが明らかとなった。この中でも，児童・生徒の健康への影響を考慮すると，②●●……の活動を中心に行うべきであるといえる。

　以上のことから……

　※内容によっては，今後の展望や，調査・研究の結果導き出された新たな課
　　題などを示すと良いでしょう。

　文献一覧
（気象庁ウェブサイト 1）：https://www.data.jma.go.jp/svd/vois/data/fukuoka/
506_Sakurajima/506_history.html, 最終閲覧日 2022 年 1 月 1 日
（気象庁ウェブサイト 2）：……
村中洋介（2022）『災害と法──ど〜する防災〔火山災害編〕』信山社
村中洋介（2021a）「避難指示の法的位置づけ」『自治実務セミナー』713. pp.46-
51. 第一法規
村中洋介（2021b）「『避難行動要支援者名簿』と個人情報保護」『行政法研究』
41. pp.159-185. 信山社
　　……

②　法学科目としての例題

　まず，自分でテーマを絞る形式のものですが，法学科目ではそうした問題はあまり多くは出されないのではないかと思います。

　例えば，次のような課題が出された場合にどのようにテーマの絞り込みを行うでしょうか。

　表現の自由について判例を取り上げながら，その問題点について論じなさい。
（3000 字程度）

　私たち教員も含めて，こうした課題に対しては，あまりテーマを絞ることを求めていないということもできるかもしれません。というのも，この課題であれば，①「表現の自由」について概観したうえで，②判例（授業で触れたもの

を1つ，または2つ）取り上げて，③自分なりに問題点があると感じる点を論じる，という形で，テーマの絞り込みをしなくても書くことが出来そうです。

　ただし，定期試験の問題として，上記課題が提示されたのであればそれでも良いかもしれませんが，「レポート」課題として提示された場合には，テーマの絞り込みを行うことが正しいといえるでしょう。レポート課題であれば，授業中に触れていない判例も含めて取り上げる対象となりますので，SNS，テレビ，ラジオ，小説等，どの表現行為に焦点を当てるのかによって，取り扱う判例も変わってくるはずです。また，表現規制という側面から見れば，わいせつ表現なのか，名誉棄損表現なのか，芸術表現との線引きは等様々な論点が存在します。

　レポート課題においてより良い評価を得るためには，そうした自分なりのテーマの絞り込みを行わなければならないといえるでしょう。

　一方で，例えば，「わいせつ表現についてのチャタレイ事件判決を取り上げたうえで，近年のわいせつ表現問題と比較しなさい。」などとされている場合には，取り扱う判例も絞られますので，こうした場合には，テーマの絞り込みは考える必要はないでしょう。

　次に，表現の自由のテーマとして書く場合に，どのようなテーマ設定がありうるかについてです。

　例えば，次のようなテーマ設定が考えられます。

・SNS上の表現行為による名誉棄損の問題
・芸術表現とわいせつ表現の狭間
・少年事件に関する報道規制のあり方
・裁判官の私的なSNS上での表現と弾劾裁判
・子どものスマートフォン利用時間の規制と表現の自由
……

　このように，皆さんの生活の中の問題や世の中の出来事との関係でテーマの設定はどのようにでも可能です。結論やテーマ名は最終的に判断すれば良いもので，まずは議論のとっかかりとして，「このようなことを書いてみようかな」というところからスタートして，資料探索をしてみてください。

最後に，法律科目としての事例問題についてです。

【事例】

　Ｘは，国立Ａ高校の生徒である。Ｘは，同級生Ｙとともに，高校の廊下（ろうか）において雑巾（ぞうきん）の上に乗り，片方の生徒がもう片方の生徒の腕を引きながら走り，雑巾の上に乗っている生徒が滑るような状態で遊んでいた。こうした行為について，Ｘらは担任教師をはじめとする教諭らから再三の注意を受けていたが，注意を受けてもなお，こうした遊びを続けていた。

　202Ｘ年7月1日，いつものようにＸらは上記のような遊びを行っていた。当日は梅雨の後半の時季で廊下も湿っており滑りやすい状態になっていたほか，Ａ高校の廊下は，（公立学校の廊下等で広く用いられている）雨天時等には滑りやすくなる素材であった。そうした中で，Ｘが雑巾の上に乗り，それをＹが引っ張っていたところ，速度の出ている状態で，勢いよくＹが転倒し，Ｘは壁に激突の上，転倒した。Ｙはしりもちを付き，捻挫（ねんざ）のけがであったが，Ｘは，前歯5本を欠損するなどして，救急車で運ばれ処置を行う重症であった。

　Ｘ（およびその保護者）は，この怪我を負った事故について，Ｙとその保護者に対して，不法行為に基づく損害賠償請求（請求額2000万円）を行うとともに，Ａ高校の設置者である国に対して，高校の廊下等，通常生徒が使用する施設の安全性に問題があったなどとして，国賠2条に基づく損害賠償請求（請求額8000万円）を行った。

　問1　この事例において，ＸによるＹ（および保護者）への請求，国への訴えがそれぞれ認められうるか，検討しなさい（2000字以上）。
　問2　……

　事例問題として，どれほど細かな設定をするかは，出題者により異なります。ただし，事例について判断が可能な程度には細かな設定をし，その事例の基となる判例が存在することでしょうから，事例の設定を理解したうえで，判例や学説を探し，検討することでこうした問いに答えることができると思います。

５　レポートの書き方に関する文献の紹介

　本文中でも登場しましたが，井下千以子『思考を鍛えるレポート・論文作成法〔第3版〕』（慶應義塾大学出版会，2019年）を紹介します。基本的なレポートを書く際の作法や，書くうえで参考となる考え方（テーマを決めるにあたって

の思考の巡らし方など）も示されており，高校生や大学1年生はもちろんのこと，卒業論文を書くにあたって，今一度見直しをしたいという大学3・4年生も含めて勉強になる本です。

　また，法学を学ぶ人向けとしては，横田明美『カフェパウゼで法学を──対話で見つける「学び方」』（弘文堂，2018年）をお勧めします。大学生活や学びでの疑問などについて説明されているほか，法学レポート等の書き方についても説明されているものです。特に法学部の学生にとっては役立つ本になると思います。

　さらに，レポートを書くためには，関連する書籍を「読む」必要がありますが，「本の読み方」を学ぶためのものとして，大出敦『クリティカル・リーディング入門──人文系のための読書レッスン』（慶應義塾大学出版会，2015年）があります。（学問的意味において）本をどのように読めばよいのか，本を読みそれをレポート等の研究に生かすためにはどうすれば良いのか，そうした基本的な点について学ぶことができるものです。

　研究分野によってレポートの書き方のフォーマットが変わることもあります。図書館の書籍を見比べることや，周りの先生方に話を聞くなどして，余裕があれば，自分にあった参考書を見つけることにも取り組んでみてください。

索　引

索　引

216

索　引

218

執筆者紹介

村中　洋介（むらなか　ようすけ）【はしがき　第2章　最終章　コラム20】
近畿大学経済学部総合経済政策学科准教授
《主要著作》『災害行政法』（信山社，2022年），『条例制定の公法論』（信山社，2019年），災害と法シリーズ『ど〜する防災【水害編】』・『同【地震津波編】』・『同【風害編】』・『同【土砂災害編】』・『同【火山災害編】』（信山社，2019年〜2022年），「たばこは悪者か？──ど〜する？ 受動喫煙対策」（信山社，2019年），「ふるさと納税を理由とする特別交付税減額の可否」地方財務2022年8月号（2022年），「避難指示の法的位置づけ」自治実務セミナー2021年11月号（2021年），「『避難行動要支援者名簿』と個人情報保護」行政法研究41号（2021年），「科学技術的判断と司法審査」行政法研究40号（2021年）

川島　翔（かわしま　しょう）【第1章】
九州大学大学院法学研究院准教授
《主要著作》「Ordo iudiciarius antequam 邦訳」ローマ法雑誌2号（2021年），「手引き書としての訴訟法書」松園潤一朗編『法の手引書／マニュアルの法文化』（国際書院，2022年），『ブリッジブック法学入門〔第3版〕』（共著，信山社，2022年）

奥　忠憲（おく　ただのり）【第3章・第4章】
駒澤大学法学部法律学科専任講師
《主要著作》『図録日本国憲法〔第2版〕』（共著，弘文堂，2021年），「フランス公務員参加法における基本原理（1）(2)(3・完)」法学論叢183巻3号，184巻1号，6号（2018−2019年），「フランスにおける近年の公務員倫理法制度改革」人事院月報837号（2019年），「フランスにおける友愛原理に基づく連帯罪違憲判決とその意義」近畿大學法學67巻1＝2号（2019年），『憲法演習サブノート210問』（共著，弘文堂，2021年），「フランス公務員参加法における協定法制に関する考察」大石眞先生古稀記念論文集『憲法秩序の新構想』（三省堂，2021年）

前田　太朗（まえだ　たろう）【第5章】
中央大学法務研究科准教授
《主要著作》「不法行為法における責任原理の多元性の意義とその関係性（1）〜（10・未完）──オーストリア法における責任原理論の展開を参考にして──」愛学55巻1＝2号，同3＝4号，同56巻1＝2号，同3＝4号，同57巻1＝2号，同59巻3＝4号，同60巻1＝2号，愛学宗研55号頁，同56号，同57号（2014年−2019年）

竹村　壮太郎（たけむら　そうたろう）【第6章】
小樽商科大学商学部企業法学科准教授
《主要著作》「医療事故事例における損害賠償責任制度の展望：無過失補償制度と

222

の関係をめぐるフランス法の現在と日本法の将来 (1)(2・完)」上智法学論集 58
巻 3・4 号（2015 年），同 59 巻 1 号（2015 年），「原子力損害賠償法における減
責制度の運用について」商学討究 70 巻 4 号（2020 年）

色川　豪一（いろかわ　ひでかず）【第 7 章】
　京都先端科学大学経済経営学部経営学科専任講師
　《主要著作》「フランスにおける面会交流援助」棚村政行編著『面会交流と養育費
　　の実務と展望〔第 2 版〕』（日本加除出版，2017 年），「遺骨の帰属――死者と親
　　族関係にない者が関わる事案」京都先端科学大学経済経営学部論集（2020 年），
　　「暴力によらない教育」日仏法学 31 号（2021 年）

山科　麻衣（やましな　まい）【第 8 章】
　東京都立大学法学政治学研究科法曹養成専攻准教授
　《主要著作》「文書偽造罪における『人格』の偽りと重要な属性」法学会雑誌 56 巻
　　1 号（2015 年），「アメリカにおけるフォージェリー理解」法学会雑誌 57 巻 2 号
　　（2017 年），「電磁的記録の不正作出に関わるイギリスの処罰法の在り方――刑法
　　との比較から」法学会雑誌 62 巻 1 号（2021 年）

宮下　摩維子（みやした　まいこ）【第 9 章】
　駿河台大学法学部法律学科助教
　《主要著作》「イングランド・ウェールズにおける多段階紛争解決合意の効力 (1)
　　(2・完)」早稲田大学法学研究科法研論集 158・159 号（2016 年），「アメリカに
　　おける多段階紛争解決合意の効力」早稲田大学法学研究科法研論集 161 号（2017
　　年），「実効力ある養育費の強制執行制度構築に関する予備的研究」駿河台法学
　　33 巻（2020 年）

岡﨑　頌平（おかざき　しょうへい）【第 10 章】
　ノースアジア大学法学部法律学科講師
　《主要著作》「自殺の法的評価に関する一考察」秋田法学 61 号（2020 年），「正犯と
　　実行について」秋田法学 62 号（2021 年），「実行行為について」秋田法学 63 号
　　（2022 年）

若生　直志（わこう　なおゆき）【第 11 章】
　山梨大学生命環境学部地域社会システム学科助教
　《主要著作》「拡大生産者責任について」上智法学論集 62 巻 3・4 合併号（2019 年）

金﨑　剛志（かねさき　つよし）【第 12 章】
　東京都立大学法学政治学研究科法曹養成専攻准教授
　《主要著作》「国家監督の存続理由――理念としての自治と制度としての監督 (1)～
　　(9・完)」法協 133 巻 2 号，3 号，5 号～11 号（2016 年），「特集　行政法学習の
　　開拓線　Ⅳ自治体関係訴訟――制度と意義」法学教室 482 号（2020 年），「国土交
　　通行政における行政的関与――制度と議論の確認」行政法研究 39 号（2021 年）

執筆者紹介

釼持　麻衣（けんもち　まい）【コラム 19】
　関東学院大学法学部地域創生学科専任講師
　《主要著作》『気候変動への「適応」と法——アメリカに学ぶ法政策と訴訟』（勁草
　　書房，2022 年），『法令解釈権と条例制定権の可能性と限界——分権社会におけ
　　る条例の現代的課題と実践』（共著，第一法規，2022 年），「いわゆる『ごみ屋敷』
　　への法的対応の可能性——現行法に基づく対処と拡がる独自条例の制定」都市と
　　ガバナンス 27 号（2017 年）146 頁以下，「地球温暖化・気候変動をめぐる法律
　　及び条例の動向」自治体法務研究 66 号（2021 年）18 頁以下

永島　史弥（ながしま　ふみや）【コラム 21】
　近畿大学経済学部経済学科准教授
　《主要著作》Nagashima, F et al., (2017) "Identifying critical supply chain paths
　　and key sectors for mitigating $PM_{2.5}$ mortality in Asia." Economic Systems
　　Research, vol.29(1), pp.105-123., Nagashima, F. (2018) "Critical structural
　　paths of residential $PM_{2.5}$ emissions within the Chinese provinces." Energy
　　Economics, vol.70, pp.465-471., · Kito, M et al., (2020) "Drivers of CO_2
　　Emissions in International Aviation: The Case of Japan", Environmental
　　Research Letters, 15, 104036.

嫌いにならない法学入門〔第 2 版〕

2021年（令和 3 年） 9 月30日　第 1 版第 1 刷発行
2022年（令和 4 年） 5 月20日　第 1 版第 2 刷発行
2023年（令和 5 年） 3 月20日　第 2 版第 1 刷発行

8630-4:P240　¥2500-015-050-002

著者　　村中洋介　　川島　翔　　奥　忠憲
　　　　前田太朗　　竹村壮太郎　色川豪一
　　　　山科麻衣　　宮下摩維子　岡﨑頌平
　　　　若生直志　　金﨑剛志　　釼持麻衣
　　　　永島史弥

発行者　　今井　貴・稲葉文子
発行所　　株式会社　信　山　社

〒113-0033　東京都文京区本郷 6-2-9-102
Tel 03-3818-1019　Fax 03-3818-0344
info@shinzansha.co.jp

笠間才木支店　〒309-1611　茨城県笠間市笠間 515-3
Tel 0296-71-9081　Fax 0296-71-9082
笠間来栖支店　〒309-1625　茨城県笠間市来栖 2345-1
Tel 0296-71-0215　Fax 0296-72-5410
出版契約 2023-8630-4-02011 Printed in Japan

©著者, 2023　印刷・製本／ワイズ書籍(Y)・渋谷文泉閣
ISBN978-4-7972-8630-4 C3332　分類321.000 法学

災害行政法

村中洋介 著

災害予防・対応・援助、災害の拡大防止、復旧・復興支援
等の法制度に加え、法例・判例を概観した先端的な「災
害行政法」の基本書。

条例制定の公法論

村中洋介 著

地方自治の今日的課題を公法学的視点から考察する、
条例制定権に関する研究の集大成。

法学六法 '23

編集代表：池田真朗・宮島司
安冨潔・三上威彦・三木浩一
小山剛・北澤安紀

2色刷で見やすい薄型・軽量のエントリー六法。

信山社